NIGHT WITH A POCKETFUL OF STONES

Coşovei (Trans. Sorkin & Scridon)

ISBN: 978-1-913642-71-6

Book designed by Aaron Kent

Edited by Aaron Kent

Broken Sleep Books (2021), Talgarreg, Wales

Contents

The translators of each poem are indicated by initials in brackets following the poem.

Most of the poems were newly translated by Adam J. Sorkin and Andreea Iulia Scridon for this book. Some additional poems included were previously published in versions by Sorkin with the following co-translators: Georgiana Farnoaga, Mia Nazarie, Liana Vrăjitoru; one poem was translated by Sorkin alone.

Night with a Pocketful of Stones

Traian T. Coșovei

Translated from Romanian by:
Adam J. Sorkin & Andreea Iulia Scridon

Bad Boy

I'm the bad boy who – at last! – got his hands on the matches
                              in the house.
I'm the one poking his nose in the family's stash of sleeping pills,
the one who feeds the city's birds old newspapers –
I'm the one who leaves faucets running, lights on,
drawers half open.

I was a bad boy. I wrapped the sandwich from my mother
                              in old newspapers,
I lit up my life with old newspapers to see the future as far as
                              my last end –
from old newspapers I built a house, a lover, a dream.

Yes, I'm the bad boy who makes trolley tracks
                    zing,
cast iron freeze over in monuments to cold.
I'm the child who discovers alcohol and oblivion,
                    loneliness and its gas cocks.
I'm the bad boy who scrawls on the walls, "Kick back or kick off,"
who squanders tomorrow's money no less determined to earn
                    his keep to the very end.
I'm the one smacking his lips over catastrophe, maculating paper…

And when everyone in the house sleeps, lost in dream,
          I'm the one who makes death stammer with dread.

                                        [A.J.S./G.F.]

6

Bad boy

Eu sunt băiatul cel rău care a pus – în sfârşit – mâna pe
                                    chibriturile casei.
Sunt cel cu nasul băgat în punga de somnifere a familiei,
cel care hrăneşte cu ziare vechi păsările oraşului –
sunt cel care lasă robinetele deschise, luminile aprinse,
sertarele smulse.

Am fost un copil rău. Cu ziare vechi mi-am împachetat
                                    sanvişul de la mama,
cu ziare vechi mi-am luminat viaţa ca să-mi văd viitorul
                                    până la capăt –
din ziare vechi mi-am făcut o casă, o iubită, un vis.

Dar eu sunt copilul cel rău care face şinele de tramvai să
                                    tremure,
fonta să împietrească în monumentele frigului.
Sunt copilul care a descoperit alcoolul şi uitarea,
                          singurătatea şi robinetele ei de gaz.
Sunt băiatul cel rău care scrie pe ziduri „mergi sau crapă"
şi cheltuieşte banii zilei de mâine şi e pus să-şi câştige
                                    existenţa până la capăt.
Sunt cel care savurează dezastrul, maculează hârtia...

Dar când toţi ai casei dorm şi visează
                    eu fac să se bâlbâie moartea.

Electric Snow

I pass through a blue, indecisive snowfall
       as if through a corridor where mechanical birds
   cry on my shoulders with electric tears.

I pass by and the birds carry me at their neck
         suspended between two events,
             with my heart beating between two echoes
(and collapsed between two bodies, just like a cry
between two mouths hungering for me, waiting for me,
         suddenly wanting me).

I know, I know that it's all very late,
    everything struggles between two electrostatic discs,
but what do you tell me?
         You show me a composition of toothed wheels
   and levers and tell me:
            Look, these are your parents;
Look, this is your heart – take it and carry it further
      over the shards of this semblance?...
You show me rain digging into the bronze horse and tell me:
    Look, this is the order of things – first you, then you,
then you, and you and you and you and you...

    I pass and the fixed stars above me
sustain the air between two equal wingbeats
left on my shoulders by the transparent birds of sleep
      (between two echoes, between two equal wingbeats
   I see electric seconds spark
         then darken,
expand and await and suddenly want me),
    as I, before the magnesium lightning,
start to scream,
      seeming to express something, or just
  falling dead, mouth agape.

[A.J.S./A.I.S.]

Ninsoarea electrică

Trec printr-o ninsoare albastră, nehotărâtă
    ca printr-un coridor unde păsări mecanice
    plâng pe umerii mei cu lacrimi electrice.

Trec și păsările mă poartă la gâtul lor
    suspendat între două întâmplări,
        cu inima bătând între două ecouri
(și prăbușit între două trupuri, aidoma unui strigăt
între două guri înfometate de mine și așteptându-mă
        și dorindu-mă dintr-odată).

Știu, știu că totul e foarte târziu,
    că totul se zbate între două discuri electrostatice,
dar ce-mi spuneți voi?
        Îmi arătați o alcătuire de roți dințate
  și pârghii și-mi spuneți:
            Iată, aceștia sunt părinții tăi;
Iată, aceasta este inima ta – ia-o și poart-o mai departe
    peste cioburile acestei aparențe...
Îmi arătați ploaia săpând în calul de bronz și-mi spuneți:
    Iată, aceasta este ordinea – întâi tu, apoi tu,
apoi tu, și tu și tu și tu și tu...

    Trec și deasupra mea stelele fixe
susțin aerul între două bătăi de aripi egale
lăsate pe umerii mei de păsările transparente ale somnului,
    (între două ecouri, între două bătăi de aripi egale
    văd secundele electrice strălucind,
        apoi înnegrindu-se,
umflându-se și așteptându-mă și dorindu-mă dintr-odată),
    în timp ce eu, în fața fulgerelor de magneziu
încerc să strig,
        părând că exprim ceva, sau numai
căzând mort cu gura deschisă.

The Gleam of the Knife

All my life I've been signalling my man in the mirror.
All my life I've been lighting his cheap cigarettes
at the flame of family photos.
With a sponge drenched in vinegar, for years
I've been wiping away his tears, his eyes, his address.

Now the mirror has darkened like the silver
of our old tea service.
In the noon light, his face seems a giant fish eye,
a deep sea creature flung onto the shore.
In its waters, the mirror now drowns
the last twitches of his farewell gestures.

Goodbye, tin-man, goodbye, tableware of tears.
All my life I've been signalling you, for years and years
I wiped you with a soft dust rag.
His farewell gestures remain stabbed deep in the mirror.
My gestures have remained in the rain's manuscripts.

And then,
in the gleam of which knife should I now read this life?

[A.J.S./A.I.S.]

La lumina cuțitului

O viață întreagă i-am făcut semne omului meu din oglindă.
O viață întreagă i-am aprins țigări ieftine
de la flacăra fotografiilor de familie.
Cu un burete îmbibat în oțet, ani de zile
i-am tot șters lacrimile, ochii, adresa.

Acum oglinda s-a întunecat ca argintul
de pe vechiul nostru serviciu de ceai.
În lumina amiezei, chipul lui pare un imens ochi de pește,
o ființă a adâncurilor aruncată la țărm.
În apele ei, acum oglinda îneacă
ultimele tresăriri ale semnelor lui adio.

La revedere, omule de cositor, la revedere, tacâmuri de lacrimi.
Toată viața v-am făcut semne, ani de zile
v-am șters cu o cârpă moale de praf.
Semnele lui de adio au rămas înfipte adânc în oglindă.
Semnele mele au rămas în manuscrisele ploii.

Și atunci,
la lumina cărui cuțit să mai citești viața aceasta?

The Sound and Fury

"A tale told by an idiot,
full of sound and fury…"
—Shakespeare, *Macbeth*

At night, near the dazzling highway,
    the city's lights seem an immense computer
        calculating the petty equations of
           apartments with hot water –
    balconies and windows
camouflaged by the goniometric laundry of
        a dead and forbidding season during which
    you attempt to return
        you alone,
          alone,
    Ophelia, stripped of leaves,
        bedded down in the grass with carnivorous tribunals.

At the table among
        the guests' columns of rising smoke –
    clocks polluting the air with the blue, decadent ticktock
of the century's end…
    A fall of gossamer blackening the white collar
        of an autumn day
during which you alone attempt to return,
        you alone,
  a sort of more distant London
        from a world without clocks, without bridges.

Should I scream
    should I call out
      and call again
        time fleshless and phanariot,
melancholy stabbing wizards' knives into walls and
        ceiling?

Let's be contemporaries –
      I asked her,
        she was trying to return…
  Let's live simultaneously – I asked her, giving her
    small animals to bring her closer
      to the kingdom of terrestrial melancholy.

Zgomotul și furia

*"A tale told by an idiot,
full of sound and fury..."*
— Shakespeare, *Macbeth*

Noaptea, lângă autostrada strălucitoare,
    luminile orașului par un imens computer
        calculând ecuațiile mărunte ale
            apartamentelor cu apă caldă –
balcoane și ferestre
        camuflate de rufăria goniometrică a unui
            sezon mort și inabordabil peste care
încerci să revii
            numai tu,
                numai tu,
    Ofelie desfrunzită,
            culcată în iarba cu tribunale carnivore.

La masă printre
            coloanele de fum ale invitaților –
ceasuri mânjind aerul cu tic-tacul albastru și decadent
al sfârșitului de secol...
        O cădere de funigei înnegrind gulerul alb
                al unei zile de toamnă
peste care încerci să revii numai tu,
                numai tu,
    un fel de Londră îndepărtată
            dintr-o lume fără ceasuri și poduri.

Să mai strig
    să mai chem
        să rechem
            timpul descărnat și fanariot,
melanholia înfigând cuțite de scamator în pereți și
                    tavane?

Hai să fim contemporani –
            am rugat-o pe ea
                care încerca să revină...
    Hai să trăim deodată – am rugat-o dăruindu-i
        mici animale ca s-o apropii mai mult
            de regnul melanholiei terestre.

Look, right now
                a kangaroo is hopping across the equator...
Look, right now
                miniaturized IEDs are being detonated
        for lab rats...
Look, right now while the crusaders are retreating
        in the paralytics' wheelchairs
                        of their own helplessness,
        while women are giving birth to children,
                        future crusaders of helplessness...

    I don't understand, muttered the blind man fingering the blank,
                                                unwritten pages.
Now when we cross the street it seems that
        nothing has happened and it seems that
                nothing can ever happen...

Now when the sun rises and it seems that
        nothing happens and it seems that
                nothing can ever happen...

I don't understand, muttered the blind man fingering the blank, unwritten pages.

Should I scream
        should I call out
        and call again to your body bedded down in the grass with
                                        carnivorous tribunals?

The grass under which conduits howl, stretched to the max,
        the grass under which electrical cables howl, heated red-hot,
            the telephone lines heated red-hot,
                the incandescent pipes burst,
                    the twisted pipes with their clouds of exhaust
    releasing into the night obsessions and minor dramas,
            the petty equations of the pressurised apartments
                inside which we hang the windup toy
                    for tomorrow –
the clock's mechanism wound to the max
    for the howl of tomorrow cracking the eggshell
        of small hermetic pillboxes, fogged over by the nibelung
            whistling of the air heated red-hot...

Uite, chiar acum
           câte un cangur mai sare ecuatorul...
Uite, chiar acum
           mici încărcături sunt detonate pentru
   cobaii din laboratoare...
Uite, chiar acum când toate cruciadele se retrag
       în cărucioarele de paralitic
          ale propriei neputinţe,
   acum când femeile nasc copiii
       viitoarelor cruciade ale neputinţei...

Nu înţeleg — spuse orbul pipăind paginile albe,
                   nescrise.
Acum când trecem strada şi se pare că
   nimic nu se întâmplă şi se pare că
   nimic nu s-ar mai putea întâmpla...

Acum când răsare soarele şi se pare că
   nimic nu se întâmplă şi se pare că
   nimic nu s-ar mai putea întâmpla...

Nu înţeleg – spuse orbul pipăind paginile albe, nescrise.

Să mai strig
   să mai chem
     să rechem trupul tău culcat în iarba cu tribunale
                 carnivore?

Iarba sub care conductele urlă întinse la maxim,
   iarba sub care urlă cabluri electrice încinse la roşu,
     legături telefonice încinse la roşu
       conducte plesnite, incandescente,
         ţevăria răsucită a marelui eşapament
   descărcând în noapte obsesiile şi micile
       măruntele ecuaţii ale apartamentelor presurizate
     de care atârnăm bibeloul cu arc
       al zilei de mâine –
arcul ceasului întins la maxim
   pentru urletul zilei de mâine spărgând coaja de ou
     a micilor cazemate ermetice, aburite de şuieratul
     nibelung al aerului încins la roşu...

The earth – a tent for scrap metal screeching
                    in the buried cages of the grand arenas,
        and high above,
ah, above is a desire for pomp,
                    for grandeur;
that's why even horses get decked out in beads –
        that's why Father Frost is taken out every Sunday,
            that's why holy relics every once in a while receive
                a transfusion,
                    that's why your body
kneels in the grass with carnivorous tribunals…

I don't understand
    I don't understand, muttered the blind man crumpling in his
                    fist the blank, unwritten pages!

I scream, but only winter comes…
    I scream, but only night comes, with a clamour of wings…
        I scream, but I hear galloping horses
            unearthing the rotten armour of horses
galloping in another time
                    under the tent of rain water.

Should I scream
        should I call out
            and summon a metallic landscape decomposing
                under my gaze that has lost its sense of
                                    reality?

            Incapable of seeing – I decorated my forehead with eyes
                                    of glass.
            Incapable of feeling – I stuffed myself with straw stretching out
                                    my arms
as if on a crucifix in a field terrified by the luminous contrails
                            of falling angels…

I don't understand, muttered the blind man igniting in his
        fist the blank, unwritten pages.
I don't understand, muttered the blind man swallowing the blank,
unwritten ash,
        burying himself in the dazzling highway,
in that night of this glorious century's end,

Pământul – un cort pentru fiare vechi urlând
          din cuştile îngropate ale marilor arene,
      iar deasupra,
ah, deasupra e o dorinţă de fast,
                    de grandoare;
de aceea li se pun mărgele şi cailor –
      de aceea Moş Gerilă e scos în fiecare duminică,
      de aceea sfintele moaşte mai primesc câte
          o transfuzie,
              de aceea trupul tău
îngenunchează în iarba cu tribunale carnivore...

Nu înţeleg
      nu înţeleg – spuse orbul strângând în pumn
                    paginile albe, nescrise!

Strig, dar nu vine decât iarna...
      Strig, dar nu vine decât noaptea cu un hohot de aripi...
      Strig, dar nu se aud decât caii în alergare,
      dezgropând armurile putrezite ale cailor
alergând în alt timp
                    sub cortul de apă al ploii.

Să mai strig
      să mai chem
          să rechem un peisaj metalic degradându-se
          sub privirile mele care pierdusera simţul
                              realităţii?

Incapabil să văd – mi-am împodobit fruntea cu ochi
                              de sticlă.
      Incapabil să simt – m-am umplut cu paie întinzând
                              braţele
în crucea unui câmp înspăimântat de dârele luminoase
                    ale îngerilor căzători...

Nu înţeleg – spuse orbul arzând hârtiile albe, nescrise.

Nu înţeleg – spuse orbul înghiţind cenuşa albă, nescrisă,
      îngropându-se în autostrada strălucitoare,
în noaptea acestui sfârşit de secol frumos,

when the city's lights
seem an immense computer
calculating the petty equations of
apartments with hot water –
during which you attempt to return
you alone,
alone,
Ophelia, stripped of leaves,
bedded down in the grass with carnivorous tribunals.

când luminile oraşului
par un imens computer
calculând ecuaţiile mărunte ale
apartamentelor cu apă caldă –
peste care încerci să revii
numai tu,
numai tu,
Ofelie desfrunzită,
culcată în iarba cu tribunale carnivore.

Lobotomy or Lullaby

Look at me with your eyes that have forgotten
    the taste of tears.
        Look at me – they've made me better
    more tranquil, free of worries and understanding
of what cannot be understood.
        Look at me and kiss me
with the kisses of your mouth, for your mouth is the mime
                              of my emptiness
    and the savour of your ointments is better than
all the scents of this world loaded with sweetness…

                You ask me to confess my thoughts,
            you promise me happiness,
                for better are the boobs of make-believe
    than the truths of your wine.
You show me your blood-red body and ask me:
  "do you want to be happy, do you want to be happy…"
then, suddenly, above me a red bulb goes on
that could mean – SILENCE, FILMING,
        or SILENCE IN OPERATION, or SILENCE, or…

"But what if the declaimers who shout in every square
have been gripped by an identical rabies: These wounds
I received for the sake of liberty, this eye I
           lost for you!"

Silence – go to sleep. Silence – period. Silence – comma.
                            Silence.
  With my head bare and bloodied in the eye of
                    the video cameras
    betrayed and mutilated between a yesterday and the day before
    then again; again; yet again
        for the idols of coloured paint.

You ask me to carry my thoughts in my hand, but oh woe,
        my hands know only the toil of clapping
        and the unparalleled craft of the torchbearers.

Ah, lobotomy – the head and the face, money, fortune

Lobotomia, sau cântec de leagăn

Uită-te tu la mine cu ochii tăi care au uitat
 gustul lacrimilor.
  Uită-te tu la mine – m-au făcut mai bun
 mai liniștit, mai fără probleme, mai înțelegător
la ce nu se poate înțelege.
  Uită-te tu la mine și sărută-mă tu
cu sărutările gurii tale, căci gura mea este mimul
        goliciunii mele
 și mirosul mirurilor tale mai bun este decât
toate mirosurile acestei lumi încărcate de miresme...

    Tu îmi ceri să-mi arăt gândurile,
   tu îmi făgăduiești fericirea,
    căci mai bune sunt țâțele închipuirii
 decât adevărul vinurilor tale.
Tu îmi arăți trupul tău sângeriu și-mi spui:
 „vrei tu să fii fericit, vrei tu să fii fericit...”
și apoi, deodată, deasupra mea se aprinde câte un bec roșu
ceea ce ar putea să însemne – LINIȘTE SE FILMEAZĂ,
 sau LINIȘTE SE OPEREAZĂ, sau LINIȘTE, sau...

„Dar oare nu sunt cuprinși de același soi de turbare
declamatorii care strigă prin piețe: Aceste răni le-am
primit pentru libertatea obștească, acest ochi l-am
       pierdut pentru voi!”

Liniște – dormi. Liniște – punct. Liniște – virgulă.
         Liniște.
 Cu capul gol și însângerat în fața camerelor de
       luat vederi
 trădat și ciopârțit între un ieri și un alaltăieri
 și încă o dată; și încă o dată; și încă o dată
  pentru idolii de vopsea colorată.

Tu îmi ceri să-mi port gândurile în mână, dar vai,
 numai mâinile mele știu truda plesnitului din palme
 și neîntrecutul meșteșug al masalagiilor.

Ah, lobotomia – capul și fața, banii, averea

the metals, debts, the nape and throat, the journeys
the mechanisms, inscriptions and manuscripts, the dreams
brothers and sisters, shoulders, arms, secrets
the graves, cemeteries, downfalls, inheritances
the lungs, guts, melancholy, a surfeit of corporals
sergeants and generals, the battlefield, the race course
love, favours, graces and grates
heart, spine, illness, moral crisis
doctors, civil servants and private citizens
the animalcules, intestines, womb
slaps and songs –

Ah, lobotomy – marriages and lawsuits
divorces, ruptures and breakups, wars
compacts and treaties, thieves and assassins, kidneys
dance halls, waiting rooms, salons
death, the void, destruction, atrophy, disappearance
oblivion, suicide, raving insanity, decomposition
inheritances, wills, bailiffs, moneychangers
auctions, a dowry, secret agents
magistrates, spies, thighs, deeds and loans
the little words, the big words and pretence –

Ah, lobotomy – the honours, power, celebrity
the stolen things and lost things, the knees
articulations, friends and clubs, women
desires, hopes, psychoanalyses, parliaments
the calf and ankles, the envious and the witches, reciters
poets and scribes, malcontents, conspirators
the jealous, the hospitals, asylums and prisons, the laboratories
hospices and auspices, the prefecture, maternity hospitals, the imprint of
loneliness, indemnities for loneliness
great quadrupeds, tiny quadrupeds, tripods
     sadists, prophets, phantoms, brain surgeons
     the toes and the soles of the feet
        until my blood wants no more,
        until my heart no longer is dying –

   Ah, lobotomy – lobotomy or lullaby
               for the bones transparent as in an x-ray
(with a tie and a sneer in front of mirrors transparent
                      as in an x-ray)

Ah, lobotomy, ah, piazza!

metalele, dobânzile, ceafa și gâtul, călătoriile
mecanismele, înscrisurile și manuscrisele,
visele frații și surorile, umerii, brațele, tainele
mormintele, cimitirele, căderile, moștenirile,
plămânii, stomacul, melanholia, caporalii de schimb,
sergenții și generalii, câmpul de luptă, câmpul de curse
dragostea, favorurile, grațiile și gratiile
inima, șira spinării, bolile, criza morală
doctorii, funcționarii publici și particulari
animalele mici, intestinele, pântecele
bătăile din palme și cântecele –

Ah, lobotomia – căsătoriile și procesele
divorțurile, rupturile și fracturile, războaiele
contractele și tratatele, hoții și asasinii, rinichii
sălile de dans, sălile de așteptare, saloanele
moartea, neantul, distrugerea, atrofia, dispariția
uitarea, sinuciderea, nebunia feroce, descompunerea
moștenirile, testamentele, portăreii, agenții de schimb
licitațiile, dota soției, tăinuitorii
magistrații, spionii, coapsele, actele și afacerile
cuvintele mici, cuvintele mari și prefacerile –

Ah, lobotomia – onorurile, puterea, celebritatea
lucrurile furate și lucrurile pierdute, genunchii
articulațiile, prietenii și cluburile, femeile
dorințele, speranțele, psihanalizele, parlamentele
pulpa și gleznele, invidioșii și vrăjitorii, recitatorii
poeții și scribii, melancolicii și conspiratorii
geloșii, spitalele, azilele și pușcăriile, laboratoarele
ospiciile și auspiciile, agia, maternitățile, amprenta
singurătatea, indemnizațiile pentru singurătate
marile patrupede, micile patrupede, trepiedele
    sadicii, profeții, fantomele, chirurgii pe creier
    degetele și tălpile de la picioare
        până când sângele meu nu mai vrea,
        până când inima mea nu mai moare –

Ah, lobotomia – lobotomia sau cântecul de leagăn
                pentru oasele transparente ca raza
(cu cravată și rânjet în fața oglinzilor transparente
                                    ca raza)

Ah, lobotomia, ah, piaza!

Silence – you sleep. Silence – period. Silence – comma.
Silence.
      Look at me, they've made me better, more
                                    understanding.
                  I say only polite things, but oh,
          my hands have started to betray me trembling more and more
in the white light and trying to cling to
                              the lonesome ghost
            of a beautiful fin-de-siècle.

Sleep, my love, and before you sleep (before
      you put me to sleep, before the red bulb goes on
            in the operating room: SILENCE
            I don't understand, SILEN)
ask me again: "Do you want to be happy, do you...?"
      while at one end of the earth, the cannibal of
                              the modern world
will now make use of his can opener
      and peer curiously at us through a cracked slate
beyond which everything's fine, everything's really good and the flight
      of these night birds still keeps
            much too distant from death.

[A.J.S./A.I.S.]

Liniște – dormi. Liniște – punct. liniște – virgulă.
Liniște.
　　Uită-te tu la mine, m-au făcut mai bun, mai
　　　　　　　　　　　　　înțelegător.
　　　　Spun numai lucruri frumoase, dar, vai,
　　mâinile începuseră să mă trădeze tot tremurând
în lumina albă și încercând să se agațe de stafia
　　　　　　　　　　　　singuratică
a unui sfârșit de secol frumos.

Dormi tu, dragostea mea și înainte să dormi (înainte
　　să mă adormi, înainte să se aprindă becul roșu
　　din sala de operație: LINIȘTE
nu înțeleg, LINIȘ)
întreabă-mă încă o dată: „Vrei tu să fii fericit, vrei tu..."
　　în timp ce la un capăt al lumii, canibalul lumii
　　　　　　　　　　　　　moderne
　　　își va deschide acum cutia lui de conserve
　　　　și ne va privi curios prin spărtura de tablă
dincolo de care totul e bine, totul e foarte bine și zborul
　　　acestor păsări de noapte e încă
　　　　　　　mult prea departe de moarte.

Discomania

Who knows the sadness of the wine
                    your body whiles away the time with
in the musicians' solace and caresses –
          the sadness of sheepskin hung up to dry,
          the sadness of grass angered by the horse's gallop,
          the sadness of dust
               when it rises
in the wake of the conqueror's war chariot –

     By a wheel I let myself be dragged
          through the void without hope of being other
than a void
          traversed by a wheel that ices over, then grows green
     with the passage of time.

     By a wheel I let myself be led
                    as if by rocking horses,
          as if to the wall of death I let myself be borne by a wheel
that darkens, then brightens
          with the passage of time...

And time –
     ah, it's nothing but a flash,
          until I raise my hand to my heart and want to scream
          until I raise my hand to my throat and still can scream
          until I raise my hand to my eyes and fall struck dumb
in the wheel's womb,
               slipping down its long spokes like a ray –
     towards where?
          towards what?
And this sadness that now digs its false teeth
          into your body, who knows it?
And this tumbling of rocks,
               who will stop it
          with just the strength of his arm?

     By a wheel I let myself be led,
on a wheel I let myself be bound in its rolling
                    with ropes of blood and nerves!

Discomania

Cine știe tristețea vinului
                    cu care trupul tău petrece
în mângâierile și dezmierdările muzicanților –
          tristețea blănii de oaie atârnată la uscat,
          tristețea ierbii dușmănită de goana calului,
          tristețea prafului
                    când se lasă
în urma carului de luptă al învingătorului –

          De o roată mă las târât
                prin vidul fără speranță de a fi altceva
decât vid
                străbătut de o roată care îngheață și înverzește
odată cu trecerea timpului.

          De o roată mă las purtat,
                          ca la călușei,
                ca la zidul morții mă las dus de o roată
care se întunecă și se luminează
odată cu trecerea timpului...

Iar timpul –
      ah, el nu e decât o străfulgerare,
          până îmi duc mâna la inimă și vreau să strig,
          până îmi duc mâna la beregată și încă mai pot să strig,
          până îmi duc mâna la ochi și cad fulgerat
în pântecul roții,
                alunecând pe spițele ei lungi ca raza –
          spre unde?
                spre ce?
Și această tristețe care își înfige acum în trupul tău
          dantura ei falsă, cine o știe?
Iar această rostogolire de pietre
                      cine o va opri
          cu puterea brațului său?

          De o roată mă las purtat,
de o roată în rostogolire m-am lăsat legat
                    cu frânghii de sânge și nervi!

To be sad is a disgrace.
And sadness is a bookish and shameful sentiment
that must be hidden like a shameful wound
                    received in a shameful war!

        You, who urge me to stick my fingers in my mouth,
not to whistle what has to be whistled
            but to pull down the corners
                of my mouth in a sneer –
                    why do you believe that I can?
        Why do you believe that I can, I'm no more than
what a potato bug needs
                to climb down a grass blade,
        I'm no more than a blade of grass
a garment can be woven from
or a rope
and I don't know what else I'll be
    and I don't know what else I'll be?!!

I'm no more than a mutilated gladiator's body
            hung high on the iron hooks
                of the crowd's roars
and I know only what I once was,
                sometime,
                    someplace
        darkening a beautiful sight with my shadow
foreshortened by the moonlight's rising,
elongated by the sun's abrupt setting
            before falling, struck dumb
    in the wheel's womb, slipping down its long spokes like the ray
towards where?
towards what?

            By a wheel I let myself be led
through the void that a breath separates me from,
        a sharp sound
            like a screech of tires,
        exhausted by the speed of a hurried world.
Led by a wheel I let myself be taken through the void that separates
                                        me from
        the star's light
                and even this ever-changing wheel –
"fortuna labilis" –
        the tides of powers,

28

Iar a fi trist e o rușine.
Iar tristețea e un sentiment livresc și rușinos
și trebuie ascunsă ca o rană rușinoasă
                    primită într-un război rușinos!

    Voi, care mă sfătuiți să-mi bag degetele în gură,
dar nu pentru a fluiera ce este de fluierat
        ci pentru a trage colțurile gurii
            în chip de rânjet –
                    cum credeți că aș putea?
    Cum credeți că aș putea, eu care nu sunt decât
atât cât îi trebuie gândacului de cartof
                    să coboare pe un fir de iarbă,
    eu care nu sunt decât un fir de iarbă
din care se va împleti un veșmânt
sau o frânghie
și nu mai știu ce voi fi
    și nu mai știu ce voi fi?!!

Eu, care nu sunt decât un trup de gladiator ciopârțit
            ridicat în cârligele de fier
                ale urletelor mulțimii
și nu știu decât că am fost,
            cândva,
                undeva
        înnegrind un frumos peisaj cu umbra mea
scurtată de ridicarea luminii de lună,
lungită de coborârea bruscă a soarelui
            înainte de a cădea fulgerat
    în pântecul roții, alunecând pe spițele ei lungi ca raza
spre unde?
spre ce?

        De o roată mă las târât
prin vidul de care mă desparte o respirație,
        un sunet ascuțit
            ca un scârțâit de pneuri
        obosite de viteza acestei lumi în alergare.
Purtat de o roată mă las dus prin vidul de care mă
                                desparte
    lumina stelei
            și chiar această roată schimbătoare –
„fortuna labilis" –
        mareea puterilor,

the rise and fall...

"Towards where?"
"Towards what?"

In this eternal motion, your body
will quietly dissolve,
        ever more perfect
in the vast centrifugal imperfection –

thrown
        cast about
                collapsed
                        tumbled every which way
                                further, always further
your bones will stretch out a thousand arms
        to catch up to their shadow and circular articulations...

Of course, we'll light great bonfires
                that whirl upwards into the air.
Of course, we'll put messages in bottles carried by ocean currents.
        We'll send dirigibles high above and every kind
                                of flying car
bound with ropes of blood and the nerves
                                of the wheel rolling through
        the void in which I'll be nothing more than
a mutilated gladiator's body
                hung high on the iron hooks
                        of the crowd's roars.

[A.J.S./A.I.S.]

30

creșterea și descreșterea...

    – Spre unde?
    – Spre ce?

      În această mișcare eternă, trupul tău
se va dizolva liniștit,
      din ce în ce mai perfect
în marea imperfecțiune centrifugă –

aruncat
    azvârlit
        prăbușit
            rostogolit
                tot înainte, tot înainte
oasele vor întinde o mie de brațe
    să-și ajungă din urmă umbra și articulațiile rotunde...

      Desigur, vom aprinde mari focuri
            care se vor învârti în aer.
Desigur, vom pune mesaje în sticle purtate de curenții oceanelor.
    Vom înălța dirijabile și tot felul
            de mașini zburătoare
legate cu frânghii de sânge și nervi
                de roata rostogolindu-se prin
    vidul în care eu nu voi fi decât
un trup de gladiator ciopârțit,
      ridicat în cârligele de fier
            ale urletelor mulțimii.

The Great Photograph
to my father

Everything's reached its end – in the iron grass on the iron plain
as the chronometers strike the ghost of a second –
beneath the sharp hunger of iron birds
    only the hanged man twisted in the tight embrace
                                     of the rope.

Here I am, ready,
led among the century's
hurried bayonets. Wrapped in wet sheets
for the great photograph of the century. Awakened very early
in the morning for the great photograph of the century.
White paint on my face, to look as alive as possible,
white paint in my hair, to look as young as possible,
white paint dripping down a landscape as white as possible –
    so that everything seems as real as possible
    so that everything seems as real as possible!

An iron machine
    an iron plain
        iron grass
iron air dripping with a clatter under the unyielding gate
of the iron foundry.
Everything's been wiped away
everything's been forgotten
everything's over, everything,
everything, but the great photograph
has a hole in its forehead stuffed with newspaper...

An iron machine
an iron plain
iron grass
an iron statue squeezing in its arms the iron child
                         of the future.
Everything's been wiped away
    everything's been forgotten
        everything's over, everything,
            (and the photographs of the century's end,
        the antique automobiles with their German drivers,

Marea fotografie
tatălui meu

Totul se săvârșise — în iarba de fier de pe câmpul de fier
acele cronometrelor loveau stafia unei secunde —
sub foamea ascuțită a păsărilor de fier
    doar spânzuratul se răsucea strâns în îmbrățișarea
                                   frânghiei.

Iată-mă pregătit așadar
și dus între baionetele grăbite
ale secolului, învelit în cearșafuri ude
pentru marea fotografie a secolului. Trezit de foarte
dimineață pentru marea fotografie a secolului.
Vopsea albă pe față, să par cât mai viu,
vopsea albă în păr, să par cât mai tânăr,
vopsea albă scurgându-se pe un peisaj cât mai alb –
    să pară totul cât mai adevărat
    să pară totul cât mai adevărat!

O mașină de fier
    o câmpie de fier
        o iarbă de fier
un aer de fier scurgându-se cu zgomot pe sub poarta
înțepenită a fabricii de fier.
Totul s-a șters
totul s-a uitat
totul a trecut totul
totul, numai marea fotografie
are o gaură în frunte astupată cu hârtie de ziar...

O mașină de fier
o câmpie de fier
o iarbă de fier
o statuie de fier strângând în brațe copilul de fier
                        al viitorului.
Totul s-a șters
    totul s-a uitat
        totul a trecut
            (iar fotografiile sfârșitului de secol,
        iar automobile vechi cu șofer neamț,

the discovery of the North Pole and the first
flight across the English Channel,
zeppelins and fur collars,
His Master's Voice and grainy photographs
of the prince assassinated at Sarajevo,
the people who fell from the sky, and once again Grandpa
parachuted over the iron plain
that spit fire
that spit iron, spit iron –
ah, the landing
ah, the landing!!).

Here I am, ready
for the great photograph of the century,
with glycerin tears running down from my eyes
for the great photograph of the century.
A bottle of red paint smashed against the walls –
the fake blood of the century's photograph.
Behind me,
from the crutches, rags and soiled bandages
the iron angel like a weird insect
pushes me closer and closer
to the unyielding gate of the iron foundry.

Everything's been wiped away
everything's been forgotten
everything's over,
men of iron with wire sponges wipe away
a shapeless morning of cast iron...
A bottle of red paint smashed against the walls –
the fake blood of the century's photograph.

So here I am, ready!

[A.J.S./A.I.S.]

iar descoperirea Polului Nord și primul
zbor peste Canalul Mânecii,
iar zeppeline si iar gulere de blană,
His Master's Voice și fotografiile cenușii ale
prințului asasinat la Sarajevo,
iar oameni căzuți din cer și iar bunicul
parașutat peste câmpia de fier
care scuipa foc
care scuipa fier, care scuipa fier –
ah, debarcarea
ah, debarcarea!!).

Iată-mă pregătit așadar
pentru marea fotografie a secolului,
cu lacrimi de glicerină curgându-mi din ochi
pentru marea fotografie a secolului.
O sticlă cu vopsea roșie izbită de pereți –
sângele trucat al fotografiei secolului.
În spatele meu,
dintre cârje, atelă și bandaje murdare
îngerul de fier ca o insectă ciudată
mă-mpinge tot înainte
la poarta înțepenită a fabricii de fier. –

Totul s-a șters
totul s-a uitat
totul a trecut –
oameni de fier șterg cu bureți de sârmă
o dimineață informă de fontă răcită...
O sticlă cu vopsea roșie izbită de pereți –
sângele trucat al fotografiei secolului.

Iată-mă pregătit așadar!

The Land Behind the House
to my father

"The land behind the house will go
to your older brother," said the father as distance
fell over those who were looking at him with no understanding.
    (Until they came to understand anything, the animals of the field
    grazed silently upon the sparkling grass
    that had grown over my father's words.)

"This land you have conquered by blood,"
said the general falling from his horse before his soldiers
who were looking at him with no understanding.
Until they came to understand (one, two, three, four...),
until they came to understand anything,
a twenty-two cannon salute in honour of the general
fell over them like melons rolling down from a roof in the dark of
autumn.

After a while just the horse was left.
Years later, the horse would win the Grand Stakes
racing on a famous track.

As for the general, long ago he had divided the land
behind the house
among those who were still looking at his monument
with no understanding, with no understanding.

[A.J.S/M.N.]

Pământul din spatele casei

tatălui meu

Pământul din spatele casei să-l daţi
fratelui vostru mai mare – spuse tatăl când
depărtarea căzu peste cei care îl priveau fără să înţeleagă.
     (Iar până să înţeleagă ei ceva, animalele câmpului
         smulgeau tăcute o iarbă strălucitoare
         crescută peste cuvintele tatălui.)

Pământul acesta l-aţi cucerit cu sânge,
spuse generalul căzând de pe cal în faţa soldaţilor care
îl priveau fără să înţeleagă.
Iar până să înţeleagă ei
(una, două, trei, patru…), până să înţeleagă ei ceva,
douăzeci-şi-două de salve de tun în onoarea generalului
căzură peste ei ca pepenii rostogoliţi din pod,
toamna, pe întuneric.

După o vreme a rămas doar calul,
care ani mai târziu câştiga marele premiu
alergând pe un mare hipodrom.

Iar generalul îşi împărţise demult pământul din
spatele
casei celor care îi priveau şi acum monumentul
neînţelegând, neînţelegând.

Down, at the Knee of the Grass

I was rowing through the ravenous mud of my heart.

Down, at the knee of the grass,
        whipped by the veins of the green beings –
I heard the clock tick on a wooden table,
            far down the corridor I could hear
the warrior seconds slashing the bellies of horses
                in a Siberian wasteland,
the vanquished hours, their faces painted blue with cold,
the last outcries devoured by polar bears.

How I wish I could have crossed this apparent surface
now when the syntactic grass has covered the age-old meanings,
stretching everywhere, spreading over and devouring everything,
now when like Orpheus I feel my powerlessness to wait longer,
a powerlessness to keep still like laziness
                yellowing the mummy's linen shroud…

Suddenly, through a lens of ice I saw time –
            slow at first – then faster and faster
as in a photograph endlessly enlarged,
        curtains of dust, northern lights of dots
            split by the rays of one existence!

I saw myself mirrored in a wall of ice,
blindly feeling my way, fumbling about –
                spinning with the movement of my heart
the dazzling disk of a hermetic configuration.
I saw myself powerless to be anything other
        slicing the Gordian knot of an existence
            only half fulfilled…

I heard the clock tick on the wooden table –
        (far down the corridor I could hear the seconds
passing over the bridge of sighs with a halting gait…)
            Oh – hunt and chase –
womb daubed in cave paintings!
How I wish I could have crossed this surface –

Jos la genunchiul ierbii

Vâsleam prin nămolul lacom al inimii.

Jos, la genunchiul ierbii,
    lovit de nervurile fiinţelor verzi –
auzeam ceasul ticăind pe masa de lemn,
    auzeam la capătul coridorului
secundele războinice tăind burţile cailor
            într-o pustietate siberică,
orele înfrânte, cu feţele vopsite de frigul albastru,
ultimele zgomote mâncate de urşi polari.

Cât de mult aş fi vrut să traversez această aparenţă
acum cînd o iarbă sintactică a acoperit vechile înţelesuri,
aşternându-se, întinzându-se şi devorând totul,
acum când simt ca Orfeu neputinţa de a mai aştepta,
neputinţa de a sta ca lenea
            îngălbenind pânza mumiei...

Deodată, printr-o lentilă de gheaţă am văzut timpul –
                întâi mai încet – apoi mai repede
ca pe o fotografie mărită la nesfârşit,
    draperie de praf, aureolă boreală de puncte
            tăiată de razele unei existenţe!

M-am văzut oglindit într-un perete de gheaţă,
orbecăind, bâjbâind –
            rotind cu mişcarea inimii
discul orbitor al unei combinaţii ermetice.
Mi-am văzut propria neputinţă de a fi altceva
    tăind nodul gardian al unei existenţe
        numai pe jumătate depline...

Auzeam ceasul ticăind pe masa de lemn –
    (auzeam la capătul coridorului secundele
trecând podul suspinelor cu mersul împiedicat...)
        Ah – goana şi vânătoare –
pântec pictat cu motive rupestre!
Cât de mult aş fi vrut să traversez această aparenţă, –

how I wish I could have been anything else –

                                     I cried aloud
                    and that very moment awoke
lying on my back,
my own body sprawled as on an operating table,
each organ with a ligature to a star,
                             sealed within a cipher
like a foetus hidden inside a house of iron, curled in a ball,
ready to become, ready to break the iron walls
with my longing to be
             as in an eggshell and then to pour forth
           and shatter in the fall
                 to the rocks and oceans
                        that once gave birth to gods.

[A.J.S /M.N.]

cât de mult aş fi vrut să fiu altceva –

am strigat
şi în aceeaşi clipă m-am trezit
întins pe spate,
culcat pe propriul meu trup ca pe o masă de operaţie,
cu fiecare organ legat de o stea,
închis într-un cifru
ca un fetus ascuns într-o casă de fier, ghemuit,
gata să exist, gata să sparg cu dorinţa mea de a fi
pereţii de fier
ca pe o coajă de ou şi să curg
şi să mă sfărâm în cădere
de stâncile şi oceanele
care, odinioară, au născut zeii.

The Last Supper

Even the orchestra was begging you not to leave
your seat with its cheerful brocade.
The angels of this blue mood watched you
                             through a hole in a newspaper –
a mere second separates them from my heart.
         But I cried,
                    but I laughed at these events
              with my heart bleeding in a ray of sunshine
and suspended in abstract snow.

         "There's a famine of words in the world…" they told me.
"There's a hunt for proper words…" they told me
         as they kept hitting under the table
                    something that screeched horribly
                    and encouraging me to look at
         the olive in my Martini that had suddenly opened
an eye in the glass
                    for the sheet images
shot in public corridors.

Even the orchestra was begging you not to leave –
all around us the dinner rolls had perfect pitch,
         and the ashtrays in the restaurants were memorising everything
for the moment they'd be interrogated.

My girlfriend wears a flower at her bosom with which she listens
              to fog settling over great boulevards:
"…and you, my love,
              are you also hanging yourself from the doorbell chimes…?"

         But she walked further on
among the orange automobiles and through
                             all sorts of clandestine "*guerrillos*"
              among blindingly lit jukeboxes
              where women with generous hearts
              add to the accounts of arctic explorers.

         Then I held out for her my own heart like a tired animal.
Of course, I told her,

Cina cea de taină

Până şi orchestra te ruga să nu pleci
din locul tău cu vesele brocarte.
Îngerii acestei stări de spirit albastre te priveau
                              printr-un ziar găurit –
de inima mea o secundă-i desparte.
Dar eu am plâns,
                  dar eu am râs de aceste întâmplări
            cu inima sângerând într-o rază de soare
şi suspendat în ninsoarea abstractă.

        „E o foame de cuvinte pe lume..." mi-au spus.
„E o vânătoare de cuvinte pe cinste..." mi-au spus ei
      tot izbind pe sub masă
            în cineva care scârţâia îngrozitor
            şi îndemnându-mă să privesc spre
      măslina din Martini care deschisese brusc
un ochi în pahar
                  pentru imaginile de tablă
împuşcate pe coridoarele publice.

    Până şi orchestra te ruga să nu pleci –
în jurul nostru chiflele aveau ureche muzicală,
    iar prin restaurante scrumierele memorizau singure
pentru clipa când aveau să fie întrebate.

Iubita mea are o floare în piept cu care ascultă
              cum se lasă ceaţa pe marile bulevarde:
„... si tu, dragostea mea,
            şi tu spânzuri de o sonerie muzicală?..."

      Dar ea trecea mai departe printre
automobilele portocalii şi printre
                  tot felul de „guerilleros" ascunşi
            prin tonomatele strălucitoare
            unde femeile cu inimă bună
      depun în contul călătoriilor arctice.

    Apoi i-am întins inima mea ca pe un animal obosit.
Desigur, i-am spus,

of course, this is my attentive heart,
so complicated,
so cautious,
and very tired of what will come before me –
take it if you will, I said to her,
take it as an electric flower,
but she'd disappeared
in the abstract snow,
with no return.

[A.J.S./A.I.S.]

desigur, iată inima mea ascultătoare
atât de complicată,
atât de exactă
şi mult obosită de ce va fi înaintea mea –
Ia-o cum vrei, i-am spus,
ia-o ca pe o floare electrică,
dar ea dispăruse
în ninsoarea abstractă,
fără întoarcere.

Grandfather "Entre Deux Guerres"

dedicated to Nichita Stănescu

Silvery AstroTurf for silver foxes –
      the dolphin, oh, the sad, despairing dolphin splashing
          a stream of water over the stone edge
              of the swimming pool –
                    swimmer
          parting the water from one world to another
      greyhounds
      greyhounds
      greyhounds
          pushing Jordan's plain of bones with their muzzles –
golfers carried by the Gulf Stream far towards the pole –
      a sawmill to cut the ice cubes for
          guests' glasses,
          jumps on a trampoline,
      so many jumps on a trampoline,
ah, too many jumps on a trampoline
              and your body over which the grass
has begun to grow just like snakes raising their heads
to the music of snake charmers…

In a wheeled chaise longue, Grandfather gives haircuts
              to silver foxes and phantasms.

      Grandfather is *"entre deux guerres"* and the silver foxes
drape around his neck their long tails
with which they swept the snowy streets of Europe,
while the guests declared in small voices,
          haunted by ghosts:

Grandfather fought!
At Marathon he crawled with his knees chopped off,
   at Waterloo he crawled with his knees chopped off,
      at Austerlitz he saw the sun with his knees chopped off,
         at the Atlantic Wall he crawled with his knees chopped off,
            in Siberia, at Mărăşeşti, at Verdun
               he crawled, crawled with his knees chopped off –

So what if he had no knees?

Bunicul „entre deux guerres"

se dedică lui Nichita Stănescu

Gazon argintiu de vulpi argintii –
    delfinul, ah, tristul, dezesperatul delfin aruncând
      un jet de apă peste marginea de piatră
      a bazinului –
               înotătoare
    despicând apa dintr-o lume într-alta...
ogari
ogari
ogari
împingând cu boturile câmpia de oase a Iordanului –
jucători de golf purtați de Gulf Stream departe spre pol –
    un joagăr pentru tăiat cuburi de gheață în
      paharele invitaților,
      sărituri de la trambulină,
    foarte multe sărituri de la trambulină,
ah, prea multe sărituri de la trambulină
                  și trupul tău peste care iarba
a început să crească aidoma șerpilor ridicați
de sunetele muzicanților...

    Într-un chaise-long cu rotile, bunicul tunde
             vulpile argintii și himerele.

    Bunicul este „entre deux guerres" și vulpile argintii
îi strâng în jurul gâtului cozile lor lungi
cu care au măturat șoselele înzăpezite ale Europei,
în timp ce invitații declară cu glasuri mici,
    bântuite de stafii:

Bunicul a luptat!
La Maraton s-a târât cu genunchii retezați,
    la Waterloo s-a târât cu genunchii retezați,
      la Austerlitz a văzut soarele cu genunchii retezați
        la Zidul Atlanticului s-a târât cu genunchii retezați,
        în Siberia, la Mărășești, la Verdun
      s-a târât, s-a târât cu genunchii retezați –

Ce dacă n-a avut genunchi?!

What booty did you take, Grandfather? –
the guests ask in small voices,
like princely heirs strangled in their sleep.

I took Constantinople with all its banners –
    I took Delphi with all its tigers and elephants –
        the Cabaret Voltaire in Zürich with all its cannons –
            Canterbury and the Tower of London together with the queen,
            I took it all…

And whom did you leave Chaucer for!!!

Under the thousand-watt sun,
Grandfather stays silent and gives haircuts to silver foxes and phantasms –
  Grandfather stays silent and gives haircuts to silver foxes with silver stars for
                            bravery,
    he sits mutely and gives haircuts to silver foxes with their marshal's baton,
while the guests, the hanged, the shipwrecked,
ask him in small voices,
        rustling like banknotes:
and that hole in your forehead, where did you get it?…

    Who gave the order for that hole in your forehead?
Do you suppose he'll be able to receive a decoration
      with that hole in his forehead?!
And who'll climb up to hang it on his chest
              in place of a heart?
How will you look photographed up on the redoubt
           with that hole in your forehead?
How will you crawl with your knees chopped off
           with that hole in your forehead?

Grandfather stays silent and gives haircuts to silver foxes and phantasms…
      Grandfather is *"entre deux guerres"* and gives haircuts to phantasms.
What does it matter that he can hardly see himself crawling through
      the polished skeletons of the swimmers parting the water
        from one world to another…
What does it matter that he can hardly see himself crawling through
      the blue skeletons of the phantasms?

Ce pradă de război ai luat, bunicule? –
întreabă invitații cu glasuri mici,
ca niște beizadele sugrumate în somn.

Am luat Constantinopol cu steaguri cu tot –
Delfi am luat, cu tigrii și cu elefanți cu tot –
Cabaretul Voltaire la Zürich cu tunuri cu tot –
Canterbury și Turnul Londrei cu regină
cu tot le-am luat...

Și pe Chaucer cui l-ați lăsat, mă!!!

Sub soarele de o mie de wați,
bunicul tace și tunde vulpile argintii și himerele –
Bunicul tace și tunde vulpile cu steaua
de general,
tace și tunde vulpile cu bastonul de mareșal,
în timp ce invitații, spânzurații, naufragiații
îl întreabă cu vorbe mici,
foșnitoare ca niște bancnote:
Și gaura din frunte de unde o ai?...

Cine ți-a dat ordin pentru gaura din frunte?
Credeți că o să poată primi decorația,
cu gaura aia în frunte?!
Și cine se va urca să i-o agațe în piept
în loc de inimă?
Cum ai să apari fotografiat sus pe redută
cu gaura aia în frunte?
Cum ai să te mai târăști cu genunchii retezați
când ai gaura aia în frunte?

Bunicul tace și tunde vulpile argintii și himerele...
Bunicul este „entre deux guerres" și tunde himerele.
Ce dacă abia se mai vede târându-se printre
scheletele lustruite ale înotătoarelor despicând apa
dintr-o lume într-alta...
Ce dacă abia se mai vede târându-se printre
scheletele albastre ale himerelor?...

What did Grandfather leave behind?
What remained after him?

A silvery AstroTurf of silver foxes –
golfers carried by the Gulf Stream far towards the pole –
     a sawmill moving senselessly
          beside the guests' skeletons,
     greyhounds
     greyhounds
     greyhounds
        using their muzzles to push his electronic ghost
          split in half by the stream of water
             of the sad, despairing dolphin.

Grandfather fought!
    So what if he had no knees?

[A.J.S./A.I.S.]

Ce a lăsat în urma lui bunicul...
Ce a rămas în urma lui?...

Un gazon argintiu de vulpi argintii –
Jucători de golf purtați de Gulf Stream departe spre pol –
   un joagăr mergând în gol
     alături de scheletele invitaților,
ogari
ogari
ogari
       împingând cu boturile stafia lui electronică
         tăiată în două de jetul de apă
           al tristului, dezesperatului delfin.

Bunicul a luptat!
   Ce dacă n-a avut genunchi?

The Accursed Wheel

I'm afraid to embrace you now:
 you have too much iron in you,
too much heavy metal –
                    the waters rise
                    the waters rise
                    the waters rise,
                              everything flows,
       everything flows towards you – and yesterday
when I walked into the bedroom
                    the furniture was flowing out the window
       with a whoosh, a deafening roar…

    I'm afraid to embrace you now:
 you have too much iron in you,
too much heavy metal, so alien to me.
             It's enough for the neighbour to play with a magnet
                                        recklessly
for me to lose you through the walls and ceilings,
then search for you in tears
                    lying to myself
                    afterwards
that you never existed,
that you were an illusion,
                    a spectre,
merely a children's game of passing into a world of mirrors
       shot with cork-filled pistols at a country fair
                              by their amused parents.

Ah, perfidious feeling with a handle!
       The beginning of the feast when the guests
are a herd of bloody snouts indifferently uprooting
       shards out of the lawn of broken glass…

Ah, perfidious feeling with a handle!
    The end of the feast when the guests
             stack their heads on the table
                         in a pyramid.

Blestemata de roată

Mi-e teamă să te mai strâng în braţe –
ai prea mult fier pe tine,
prea mult metal greu –
                  apele cresc
                  apele cresc
                  apele cresc,
                            totul curge,
totul decurge înspre tine – şi ieri
pe când intram în dormitor
                  mobila curgea pe fereastră
cu zgomot şi gălăgie mare...

Mi-e teamă să te mai strâng în braţe
ai prea mult fier pe tine,
prea mult metal greu, străin de mine.
            E destul să se joace vecinul cu magnetul
                        din imprudenţă,
ca să te pierd prin pereţi şi tavane şi să
plâng apoi căutându-te
                minţindu-mă
                după aceea
că nici n-ai existat,
că ai fost o himeră,
            o nălucă,
un joc de copii numai în trecere printr-o lume de oglinzi
        împuşcate cu pistoale cu doape la bâlci
                      de părinţii lor amuzaţi.

Ah, ticălos sentiment cu mâner!
        Începutul ospăţului când musafirii
sunt o turmă de boturi însângerate smulgând indiferente
        fâşii din gazonul de sticlă pisată...

Ah, ticălos sentiment cu mâner!
        Sfârşitul ospăţului când invitaţii
                îşi pun capetele pe masă
                        în piramidă.

At the head of the table
                    I sit at leisure under a cloud that was
                         just passing above,
until the entire cloud rains itself away and the sky above
                         is blue and empty.
I sit at leisure, tangled up in the flowing tendrils of sleep –
          my head rests lazily at the peak of the pyramid
               of heads,
                         just as sleep flows with
a red gurgle under the rootlike underside of the necks.

My eye opens lazily
          at the peak of the pyramid of eyes
                    fixing the red wave spread over the underside
                         of the eyes.

                    Lazily, my mouth
               lets pass through it the little puff of air that
     words need to rise
  directly above a lawn of bloody tendons
and splintered glass.
                    And the barking, bleating snouts,
                    I let the bloodied snouts decay
                         howling voicelessly in the biting,
                              barbed, glassy, and
                              lazy, very lazy air.

"Where dust is my daily bread,
               the mud my nourishment"

And I let the birds' screeches fall upon me,
               cover me,
                    wound me in the flash
                         of electric seconds through the darkness
                              chewed by clocks and mechanisms.

On toothed wheels I let myself slip,
     on toothed wheels I let my joints be tamed,
          on toothed wheels I let myself be chewed and tasted,
               on the iron teeth of electric seconds
                    I let my last gesture go,
                         my last word,
                              my last thought,

În capul mesei
stau leneş sub un nor care tocmai
trecea pe deasupra,
până când plouă tot norul şi rămâne cerul
deasupra albastru şi gol.
Leneş stau, încurcat în lianele curgătoare ale somnului –
leneş capul meu se odihneşte în vârful piramidei
de capete,
tocmai când somnul curge cu
un roşu gâlgâit pe dedesubtul rădăcinos de gâturi.

Leneş ochiul meu se deschide
în vârful piramidei de ochi
fixând roşul văl întins peste dedesubtul
de ochi.

Leneşă gura mea
lasă să treacă atâtul de puţin aer de care
au nevoie cuvintele ca să se înalţe
tocmai pe deasupra unui gazon de zgârciuri însângerate
şi sticlă pisată.
Iar boturile lătrătoare şi behăitoare,
boturile însângerate le las să decadă
urlând fără glas în aerul tare şi
ghimpat şi sticlos şi
leneş şi foarte leneş.

„Unde pulberea îmi este hrană,
iar noroiul îmi este demâncare"

Şi ţipetele păsărilor le las să cadă peste mine şi
să mă acopere şi
să mă rănească în străfulgerarea
secundelor electrice prin întunericul
mestecat de ceasuri şi mecanisme.

În roţi dinţate mă las să alunec,
în roţi dinţate îmi las îmblânzite încheieturile,
în roţi dinţate mă las mestecat şi gustat
în dinţii de fier ai secundei electrice
îmi las ultimul gest,
ultimul cuvânt,
ultimul gând,

the last living syllable
that still separates me from iron teeth frenzied by
the smell of blood rising lazily up the body of the decapitated
pyramid.
Ah, perfidious feeling with a handle.
I'm afraid to embrace you now:
there's too much iron in you,
too much heavy metal,
beautiful toothed wheel
beautiful toothed wheel polished
by the cries of those you lazily passed over.
You, who have been embraced by so many for the last time,
embraced with a scream,
you'll live much longer than I
if they don't make you chew metal,
if they don't follow you with another toothed wheel
to chew both together,
to chew and chew,
to chew together the white flour
of my bones, at night, in the sky!

I'm afraid to embrace you now:
look, our alarm clock has also grown old,
its arms have begun to fall and tremble –
we'll have to buy another
more accurate and louder
more accurate and louder...
And the television...
we'll have to buy another, louder,
with more buttons
for the barbed, glassy nights
descending like an air-raid siren
over the bed beautifully embroidered with conjugal motifs
in which the rope has long coveted my elongated neck,
where the wheel with its handle and teeth
has long coveted my scaly joints...

"Where dust is my daily bread,
the mud my nourishment"

The black lights had gone on and in the room
there was darkness.

ultima silabă vie
încă despărțindu-mă de dinții de fier întărâtați de
mirosul sîngelui urcând leneş trupul piramidei
descăpățânate.
Ah, ticălos sentiment cu mâner.
Mi-e teamă să te mai strâng în brațe –
ai prea mult fier pe tine,
prea mult metal greu
tu, frumoasă roată dințată,
tu, frumoasă roată dințată lustruită
de strigătele celor peste care leneş ai trecut.
Tu, pe care atâția te-au îmbrățişat pentru ultima dată,
tu, îmbrățişată cu urlet,
vei trăi mai mult decât mine
dacă n-au să te pună să mesteci fier,
dacă n-au să te însoțească cu altă roată dințată
să mestecați amândouă,
să mestecați,
să mestecați amândouă făina albă
a oaselor mele, noaptea, pe cer!

Mi-e teamă să te mai strâng în brațe –
Iată, a îmbătrânit şi ceasul nostru deşteptător,
au început să-i cadă limbile şi să tremure –
va trebui să cumpărăm altul
mai precis şi mai zgomotos
mai precis şi mai zgomotos...
Şi televizorul...
va trebui să cumpărăm altul mai zgomotos
şi cu mai multe butoane
pentru nopțile ghimpate şi sticloase
coborând ca o alarmă aeriană
peste patul frumos brodat cu motive nupțiale
în care frânghia mult a îndrăgit prelungul meu gât,
unde roata cu mânere şi dinți
mult a îndrăgit solzoasele mele încheieturi...

„Unde pulberea îmi este hrană,
iar noroiul îmi este demâncare"

Se aprinseră becurile negre şi în cameră
se făcu întuneric.

"Are you ready, my son?"

"I'm ready!"

[A.J.S./A.I.S.]

- Eşti pregătit, fiule?

- Sunt pregătit!

Christmas Blue

Seen from the third floor,
your palms left such long shadows
that a bird began to sing
thinking that snow was on its way.

I no longer see anything.

My love, make me blue soup!

[A.J.S./A.I.S.]

Christmas Blue

Văzute de la al treilea etaj,
palmele tale lăsau umbre atât de mari,
încât o pasăre a început să cânte
crezând că vine zăpada.

Eu nu mai văd nimic.

Iubito, mie să-mi faci supa albastră.

Requiem

My dad even sold the water from his well
to help rescue me from loneliness
(I'm telling you this because I have a cousin who works
at the gas station),
and despite this we all feel
like we're in an elevator stuck between floors
(at one time we busied ourselves investigating ghosts)
alone, pressing,
pressing the buttons, elbowing one another,
smacking into the walls like moths at night, into the moon.

Life continues at its normal pace
in a silence interrupted only
by the clatter of tin roosters
the wind spins round on rooftops.

There were still dancehalls wrapping us in a premonition
of winter
(and the girls on the street corners, shrill
as brass trumpets: you youyou you you youyou you…).

No season, only this one
(pressing, pressing the buttons,
smacking into the walls),
no other silence, just my own.

Then you show up, the rooms too small
to be haunted by ghosts,
you cover me,
you, polar bears, phantoms, all show up to shelter me from the voice
with which I call my silence by name.

[A.J.S./A.I.S.]

Requiem

Taică-meu și-a vândut și apa din fântână
ca să mă scape de singurătate
(asta v-o spun pentru că am un văr care lucrează
la stația de benzină),
        și cu toate astea ne simțeam cu toții
ca într-un ascensor oprit între etaje
(într-o vreme ne îndeletniceam cu cercetarea duhurilor)
și singuri, apăsând,
     apăsând pe butoane, lovindu-ne cu coatele
izbindu-ne de pereți ca fluturii, noaptea, de lună.

Viața își continua cursul normal
         într-o tăcere întreruptă numai
de zgomotul cocoșilor de tinichea
          răsuciți de vânt pe acoperișuri.

Mai erau sălile de dans învăluindu-ne cu o presimțire
                de iarnă
     (și fetele din colțul străzii, ascuțite
ca niște trâmbițe de aramă: tu tutu tu tu tutu tu...).

Nici un anotimp, doar acesta
         (apăsând, apăsând pe butoane,
izbindu-ne de pereți),
        nici o altă liniște, doar a mea.

Apoi veniți voi, încăperi prea înguste
    pentru a fi bântuite de stafii,
            acoperiți-mă,
voi, urși polari, fantasme, veniți și adăpostiți-mă de vocea
      cu care îmi strig tăcerea pe nume.

State of Mind

to my mother, Maria

This autumn has dyed all the lovers in the park yellow,
defeated and banished them.
Beating, my heart breaks the statues' necks and arms.
Beating, my heart tosses the trees and shakes their leaves off.
Oh, let yourself fall to the ground,
let yourself be covered by autumn,
let your hair grow long to be combed by spirits...
Spread a bed of dry leaves
for my heart, exhausted from I don't know which battle
at Rovine.

Ah, battles everywhere, Greeks and Persians,
Scythians and Celts
barbarians and migrants...
I let my heart migrate toward the pole,
I write these words on it
and send it to be carried by the ocean's currents to a shore
where whoever finds it
will be blind and won't know how to read it.

Like a game between dolphins in an open-air aquarium
the beating of my heart
painted the walls of this state of mind
with red, restless silhouettes...
Oh, let yourself fall to the ground,
let yourself be covered by autumn,
let your hair grow long to be combed by spirits...

Spread a bed of dry leaves
for my heart, exhausted from I don't know which battle
at Rovine.

[A.J.S./A.I.S.]

Stare de spirit

mamei mele, Maria

Această toamnă a îngălbenit toți îndrăgostiții din parc,
i-a învins și i-a alungat.
Bătând, inima mea rupe gâtul și brațele statuilor.
    Bătând, inima mea a clătinat castanii și i-a desfrunzit.
        O, lasă-te la pământ,
                        lasă-te acoperită de toamnă
        și părul lasă-ți-l lung și pieptănat de duhuri...
Întinde un pat de frunze uscate
        pentru inima mea obosită de nu știu ce bătălie de
                                la Rovine.

            Ah, peste tot bătălii de greci și de perși
            de sciți și de celți
        de barbari și de migratori...
Îmi las inima să migreze spre pol,
                        scriu pe ea aceste cuvinte
        și o las purtată de curenții oceanului până la un țărm
unde cel care o va găsi
                va fi orb și nu o va ști să citească.

            Ca un joc de delfini într-un mare acvariu aerian
bătaia inimii mele
                picta pereții acestei stări de spirit
        cu siluete roșii, neliniștite...
        O, lasă-te la pământ,
                        lasă-te acoperită de toamnă
și părul lasă-ți-l lung și pieptănat de duhuri...

Întinde un pat de frunze uscate
            pentru inima mea obosită de nu știu ce bătălie de
                                la Rovine.

A Hibernation

The machinery of the century passed over me –
An arm of steel reached towards me
out of their love for me.
And they found me hibernating among the masses of scrap metal
at the outskirts of the city.

Late –
when the Cinderella of this hour – running –
left behind for me the golden shoe of the medieval moment –
eye to eye – under the electric whip of the rain
I partied with wheels and feasted in the smoky cradle
of the new eras.

The machinery of the century passed over me
and found me among the scrap metal aged and warped
by ignorance, by hunger and by greed –
wielding the girded word like an iron for livestock branding –
to say what?!

Maybe a burn in the shape of a letter or a circle –
or a triangle of pain –
or this night when blue blood
entered my heart furtively like the fox in its burrow
hidden by dried grass –
late, when I found myself walking
over rhetorical roofs, whispering to myself:
Cori mu, coriţaki mu, psyhe mu –
Do you want to be my flowing highway?
Do you want to be the volatile holy ghost of my running soul?!

Of course –
another world will be born. You sleep, fall asleep
beneath rhetorical roofs –
now when I party under these masses of metal,
drink and make merry under the electric whip of the rain, I go to bed
with this medieval moment, round
with an eye open above me from afar –
from another life,
from another death.   [A.J.S./A.I.S.]

O hibernare

Au trecut peste mine maşinăriile veacului —
Un braţ de oţel mi-au întins
din dragostea lor pentru mine.
Şi m-au găsit hibernând printre grămezile de fiare vechi
din marginea oraşului.

Târziu, —
când cenuşăreasa acestei ore, — fugind,
mi-a lăsat pantoful de aur al unei secunde medievale, —
ochi în ochi — sub biciul electric al ploii
am petrecut cu roţile şi m-am desfătat în leagănul de fum
al noilor ere.

Au trecut peste mine maşinăriile veacului
şi m-au găsit printre fiarele vechi şi schimonosite
din ignoranţă, din foame şi lăcomie –
mânuind cuvântul încins ca pe un fier de însemnat animale, –
pentru a spune ce?!

Poate o arsură în formă de literă sau un cerc –
sau un triunghi de durere –
sau această noapte când un sânge albastru
mi-a intrat pe furiş în inimă ca vulpea într-o vizuină
ascunsă de ierburi uscate, –
târziu, când m-am trezit umblând
peste acoperişurile retorice, şoptindu-ţi:
Cori mu, coriţaki mu, psyhe mu, —
vrei tu să fii autostrada mea curgătoare?
Vrei tu să fii duhul volatil din sufletul meu alergător?!

Desigur, —
se va mai naşte o lume. Tu dormi, adormi
sub acoperişurile retorice, –
acum când eu petrec cu aceste grămezi de fiare,
beau şi mă veselesc sub biciul electric al ploii, mă culc
cu această secundă medievală, rotundă
ca un ochi deschis asupra mea de departe –
din altă viaţă,
din altă moarte.

And What If You're an Unknown Planet

Darkness had fallen and our life had become
                            transatlantic white, blue, flickering.
Above us, the fragile city floated like a blinding iceberg
it carried you with glistening shields – it raised you high
                            swaddled in banners of luminous cold.

And what if your hair is a creature come from another planet?

Every second
throws a green field out of a train window.
It breathed alongside you. It guarded you with nostrils like two greyhounds
                            excited by the rabbits of your smell.

And if your voice were a creature landed from another planet?

There'd still be time.
One might profit from your solitude.
From the fear I mightn't make myself understood.
That the world's biggest packet boat
                            might pass me by.
As if two tender suits of armour would strike against each other
and on the gleam of a spark would emerge skaters with scarves of frost.
Without noticing me. Without launching a luminous rocket –
                            without proving to me that I truly exist.

And what if your perfume is a creature fallen from the stars?

Your bracelets would respond to me brazenly –
your dresses rustle, giving importance to every gesture.
                            They inhaled you. They lived you.
They became a paper boat on the Mediterranean of my appetites.

And what if your eyes were two creatures from another planet?
And what if you were an unknown planet
                            inhabited by my every thought?

Şi dacă tu eşti o planetă străină

Se întunecase şi viaţa noastră devenise
                    un transatlantic alb, albastru, pâlpâitor.
Deasupra, oraşul plutea fragil ca un aisberg orbitor
te purta pe scuturi strălucitoare – te ridica
                    înfăşurată în drapele de frig luminos.

Şi dacă părul tău e o fiinţă venită de pe altă planetă?

Fiecare secundă
arunca un câmp verde printr-o fereastră de tren.
Respira lângă tine. Te pândea cu nările ca doi ogari
                    întărâtaţi de iepurii mirosului tău.

Şi dacă glasul tău e o fiinţă coborâtă din altă planetă?

Ar mai fi ceva timp.
S-ar putea profita de pe urma singurătăţii tale.
De pe urma spaimei că nu m-aş putea face înţeles.
Că pe lângă viaţa mea ar putea trece pachebotul cel mai înalt
                    din lume.
Ca şi cum s-ar lovi două tandre armuri
şi pe luciul unei scântei ar ieşi patinatorii cu eşarfe de ger.
Fără să mă observe. Fără să lanseze nici o rachetă luminoasă –
                    fără să-mi arate că exist cu adevărat.

Şi dacă parfumul tău e o fiinţă căzută din stele?

Brăţările tale îmi răspundeau obraznic, –
rochiile tale foşneau dând importanţă fiecărui gest.
                    Te respirau. Te trăiau.
Erai toată o barcă de hârtie pe mediterana pohtelor mele.

Şi dacă ochii tăi sunt două fiinţe de pe altă planetă?
Şi dacă tu eşti o planetă străină
                    locuită de fiecare gând al meu?

Behind us,
the fragile city floated, like a blinding iceberg it carried you
on glistening shields – it raised you high
                    swaddled in banners of luminous cold.

Suddenly,
darkness had fallen
and our life had become
transatlantic white,
blue,
flickering.

[A.J.S./A.I.S.]

În urma noastră
oraşul plutea fragil, ca un aisberg orbitor te purta
pe scuturi strălucitoare – te ridica
                   înfăşurată în drapele de frig luminos.

Deodată,
se întunecase
şi viaţa noastră devenise
un transatlantic alb,
albastru,
pâlpâitor

The Last Herbarium, the First Insectarium

I'm looking for a sky of stars,
I want to discover the carbide scent of childhood
The slingshot, the mulberries gathered from the asphalt
Your first lock of hair, your first breakup letter.

Darkness descends, time can't stop.
The sun rises, time's no longer right
Evening falls, its perfume takes the form of your body.
The sun rises, your dress waits in ambush.
It grows cold, your beetle brooch
Scurries through my desires.

Wine accumulates, minutia multiply,
And your perfume remains a mistaken memory:
A flower in an insectarium of darkness.

[A.J.S./A.I.S.]

Ultimul ierbar, primul insectar

Caut un cer care să aibă stele,
Vreau să descopăr mirosul de carbid al copilăriei
Praştia şi gustul acru al dudelor culese pe asfalt
Prima ta şuviţă de păr şi prima scrisoare de despărţire.

Se întunecă, iar timpul nu mai are răbdare.
Răsare soarele şi timpul nu mai are dreptate
Se însearează şi parfumurile au contururile trupului tău
Se înseninează şi rochia ta stă la pândă.
Se face frig şi broşa ta în formă de cărăbuş
Se rătăceşte printre dorinţele mele.

Se înmulţeşte vinul, sporesc bucăţele,
Iar parfumul tău rămâne o amintire greşită:
O floare într-un insectar de întuneric.

Untying the Mast
for Andreea

Wings jabbering, blood guffawing –
I'd dreamt I could bring down the bird on the wing.
How could I drop it with just one word
                      twisted as Trajan's Bridge?

I ripped my sleepy lab snoring on his chain
and I'd have torn the cat in two,
I wanted to stick my tongue out at life when mommy
                      called me in for a last supper...

With the water boiling in the pot, with birth and its cry,
                      with the lollipop of eternal age.
I'd leant against the sides of memory's cage.
I licked the bars and wept with snowflakes and resin,
with night and fog, with abysses and voids...

I yearned for an ocean
to give it your name.

[A.J.S./A.I.S.]

Dezlegarea de catarg

pentru Andreea

Bâlbâială de aripi, hohot de sânge –
visasem că pot învinge pasărea ruptă din zbor.
Cum am putut s-o dobor doar cu o vorbă încovoiată ca
                              podul Apolodor?

Am rupt lanţu' de labrador
şi aşi fi rupt în două pisica,
am vrut să scot limba la viaţă când m-a chemat la
                              cina de taină mămica...

Cu păpica, cu naşterea şi ţipătul ei,
                              cu acadeaua de nemurire.
Mă sprijinisem de gratii în cuşca de amintire.
Lingeam gratiile şi plângeam cu lacrimi de fulgi şi catran,
cu noapte şi ceaţă, cu abisuri şi hău...

Am tânjit după un ocean
să-i dai numele tău.

Night with a Pocketful of Stones

It might be that you exist
in this very night, in a bullet fired into the flesh of memory.

With a thousand faces
you might be staring at the mirror where time is a frozen lake
                                        with frozen skaters –
a city lit by the electrified tiles of the cats on its roofs.

And where your life is a pearl,
a pea bundled against nature's breast
among mastiffs, tourists and burning tents, tattered and bloody –
although not even enamelled tin Indians show up here,
only the night with its small hand-mirror, to see who's still breathing,
                        who's still moving, who's a traitor.

Here, memory spins a teaspoon round and round
as if winding the mainspring of a clock that, running at last, rediscovers time.
It's a glory measured in light-seconds: from photographs
                your bicyclist's past beams like an idiot
(perfumed spokes with which time pedals backwards...)

Maybe this world is nothing but a wire
strung across the frozen darkness of the stars –
a cable through which we're transmitted from somebody's voice
                                        to somebody else's.
A whisper beseeching the fiery ear of a sunbeam...
A scream ripping the membrane of the enormous microphone of night.

It might be that you exist
in a night with a pocketful of stones,
when every wish is a nose flattened against the shop window
(when every word is a mouse waiting for the shock of morning)
and the sky
is a child's design on an asphalt sidewalk
        which the stick of the blind, anyhow, won't ever understand.

[A.J.S./L.V.]

Noapte cu buzunarele pline de pietre

S-ar putea să exiști
în noaptea asta, într-un glonte tras în carnea memoriei.

Cu o sută de chipuri
ai putea să privești oglinda în care timpul
        e-un lac înghețat cu patinatori cu tot, –
un oraș luminat de țiglele electrizate ale pisicilor de pe acoperișuri.

Și unde viața ta e o mărgică,
e o mărgică de mazăre legănată la sânul naturii
printre dulăi, vilegiaturiști și corturi aprinse, smulse și însângerate –
deși, până aici, nu ajung nici măcar indienii de tablă vopsită
ci numai noaptea cu-o oglinjoară, să vadă cine mai suflă,
                    cine mai mișcă, cine trădează.

De-aici, memoria răsucește lingurița de ceai
ca pe arcul unui ceas ce, alergând, redescoperă timpul.
E o glorie măsurată în secunde-lumină: din fotografii
           zâmbește ca un idiot trecutul tău de ciclist
(spițe parfumate pe care timpul pedalează înapoi...)

Poate că lumea asta nu e decât o sârmă
traversată de întunericul înghețat al stelelor, –
un cablu prin care trecem din glasul cuiva
                  spre altcineva.
O șoaptă implorând la urechea fierbinte a razei...
Un strigăt strivind membrana uriașului microfon al nopții.

S-ar putea să exiști
într-o noapte cu buzunarele pline de pietre,
când fiecare dorință e un nas turtit de-o vitrină
(când orice cuvânt e un șoarece așteptând șocul dimineții)
și cerul
e un desen de copil, pe asfalt,
       pe care bastonul orbului oricum nu-l poate pricepe.

The Masters of Patience

Oh, my childhood glimpsed the masters of patience
warming their hands at the little match-girl's flame
and a cold, brazen loneliness
           scrawling its name on the wall
           with a fish-shaped pocket knife.

Somebody has to enter the heart of the stone, I'd keep telling myself.
Somebody has to polish his blood like a weapon
      and with the silver shears somebody
           has to trim the green-growing hedge of love.

On the windows, only signs, Americas discovered in
the stutter of falling snow – only a shiver of fingers
upon the blinding braille of the flakes.
The syrup of your death went about hanging gorilla-fang bars across
           the window,
and there's somebody who should have arrived
to read in the green of the leaf of *to be*
on the neck of giraffe of *I am* – somebody who should have quizzed me
           on the most deafening silence.

Maybe even you, knitting scarves for charity drives,
maybe the bodies of lovers combining into a sentence;
maybe the brilliantine that madness smooths her hair with,
maybe you who heed the tweezers of the wind
as it plucks from the roofs eyebrows and voices –
you, who show me there on the table the pair of glasses for the
           all-pervading night blindness;
you, who clip from the newspaper
sweet kisses in a world of dental amalgam.

Maybe even you, who say:
irony, a phrase they've invented.

           [A.J.S./L.V.]

Maeştrii răbdării

Ah, copilăria mea i-a văzut pe maeştrii răbdării
încălzindu-şi mâinile la flacăra fetiţei cu chibrituri
şi singurătatea cea mai obraznică
                    cum îşi scria numele pe pereţi
                    cu un briceag în formă de peşte.

Cineva trebuie să vină în inima pietrei – îmi spuneam.
Cineva trebuie să-şi lustruiască sângele ca pe-o armă
                    şi cineva cu o foarfecă de argint
                    să tundă gardul viu al iubirii.

Doar semne la geam, americi descoperite în
bâlbâiala ninsorii – doar tremurul degetelor peste
braille-ul orbitor al zăpezii.
Semnul morţii tale agaţă la ferestre gratii din colţi de
                                        gorilă
şi cineva care trebuia să vină
să citească in verdele frunzei de-a fi,
cineva trebuia să mă asculte
                    în tăcerea cea mai asurzitoare.

Poate chiar tu, care împleteşti fulare din mila publică,
poate trupurile îndrăgostiţilor alcătuind o frază;
poate briantina cu care nebunia îşi netezeşte părul,
poate tu, care asculţi penseta vântului
smulgând din acoperişuri sprâncene şi glasuri, –
tu, care îmi araţi pe masă ochelarii marelui orb al găinilor;
tu, care îmi decupezi din hârtie de ziar
săruturi dulci într-o lume de viplă

Poate chiar tu spui:
ironia, o frază de dânşii inventată...

The Gold Rush

To be a child and play with my big-boy toys –
pedalling, galloping, skating on a rink of rocks
prospecting for gold and setting traps as you go, in the far-off mountains.

With my boxing gloves on, with my teeth clenched,
through which my soul still can be deciphered –
with my T-shirt from the era of star wars,
in a hospital gown from the time of the cosmic freeze –
this is how I'm going to prospect for gold while you sleep, while you dream.
        Turning drawers upside-down, prying floorboards loose,
        this is how I'll work at the torn pages of my years.

With tears in my eyes, my face painted, listening through the water pipes
to your breath as it lures wolves to the door –
burning your last letters, so I can see you once again –
this is the way I'll return to you
as soon as the gold rush is over,
and, out of the depths of family photographs,
I'll gaze at you like the adolescent from long ago,
like a disturber of the public peace who would hammer nails in your
                window,
who now slowly wipes your tears away with the barrel of a Colt .45 –
who now, listen,
is telling you that long, long ago, he's forgotten you.

[A.J.S./L.V.]

Goana după aur

Să fiu copil și să mă joc cu jucării mari
pedalând, galopând, alunecând pe-un patinoar de stânci
căutând aur și întinzând capcane în urma ta, departe în munți.

Cu dinții scrâșniți, cu mănușile de box
prin care încă se mai poate citi în suflet –
cu tricoul meu de le vremea războiului stelelor,
într-un halat de spital de pe vremea frigului cosmic –
așa voi căuta aur în timp ce tu dormi și visezi;
        răsturnând sertarele, ridicând dușumelele,
        așa voi lucra la paginile rupte ale anilor mei.

Cu ochii în lacrimi, cu fața pictată, ascultând prin țevi
răsuflarea ta care adună lupii la ușă –
arzând ultimele scrisori ca să te pot privi încă o dată –
astfel mă voi întoarce la tine
imediat ce goana după aur se va sfârși
și din adâncul fotografiilor de familie
te voi privi ca un adolescent de altădată,
ca un tulburător al ordinii publice care îți bate în cuie
                             fereastra.
care acum îți șterge lacrimile încet cu țeava pistolului –
care, acum, iată,
îți spune că de mult te-a uitat.

On the Loneliness of Armed Concrete

It's so hot that the cemetery across the street
has taken off all its crosses.

I think I'm going move and take along my old landlady
with her old, rusty stove,
the icon that long ago lost its sunrise,
and go far, far, as far away as possible,
to Gorky Park.

It's quiet there, on the days that aerostats don't pass by,
impatient for applause –
It's hot there on the afternoons when the dogs
piss on the old regime.
It's cold there when those who had the courage to stare at their reflections
in the deep waters of yesterday are exhumed.
And the fish with silver fins, the chosen one…

I want to start the world over,
step by step,
letter by letter,
word by word.

I dream of myself in front of a screen, wincing at the memory of light.
In a hall echoing with whistles, catcalls and ovations,
I want to wait for the definitive fall of darkness.

I want to defend myself, even so,
freshly shaved, with my tears wiped away,
before the pensioners of Gorky Park.

Nobody talks anymore
about the ice-skaters of Gorky Park…
The scales retain the same measure of indifference,
the same imprecision of absence.

It's winter. Period.
How much does your soul weigh?

[A.J.S./A.I.S.]

Despre singurătatea betonului armat

E atât de cald încât, peste drum,
cimitirul a rămas fără cruci.

Cred că am să mă mut cu tot cu bătrâna proprietăreasă,
cu godinul ei ruginit,
cu icoana al cărei răsărit de mult s-a pierdut,
departe, departe, cât mai departe,
în Gorki Parc.

Acolo e linişte în zilele în care nu trec aerostate
nerăbdătoare de aplauze —
acolo e cald în după amiezile în care câinii
se pişă pe vechea lor ordine.
Acolo e frig cânt sunt deshumaţi cei care au avut curajul de a se privi
în apele adînci ale zilei de ieri.
Şi peştele cu lame argintii, alesul...

Vreau să iau lumea de la capăt,
pas cu pas,
literă cu literă,
cuvânt cu cuvânt.

Mă visez în faţa unui ecran tresărind la amintirea luminii.
Într-o sală îndestulată de fluierături, huiduieli şi ovaţii,
vreau să aştept căderea definitivă a întunericului.

Vreau să mă apăr, chiar aşa,
proaspăt bărbierit, cu lacrimile şterse,
în faţa pensionarilor din Gorki Parc.

Despre patinatorii din Gorki Parc
nu se mai vorbeşte nimic...
Cântarele au aceeaşi măsură a indiferenţei,
păstrează aceeaşi imprecizie a absenţei.

E iarnă. Punct.
Cât cântăreşte sufletul tău?

My Morning Walk

From the top of the stairwell
I saw the dog climbing down the thousand and one steps
the old dog taken out for a walk on his leash
the old dog shoved out into the splendour
of the winter morning

he had my eyes, my past years, the rings under my eyes
he had my name written on his dirty collar
with an ending of tenderness, with a beginning of ferocity
squeezing a shadow through the stairs' iron bars

in his eyes I saw the lights of Ellis Island
and mountains of silk spinning night's immense roulette
in his faded eyes I saw apocalypse glaze over
and my unpaid debts, my unlived life
(and god, he had my years and my tears)
the old dog taken out for a walk in the splendour of the last
winter morning
pushed by a thousand and one steps, one by one,
until the end and further
from where there's no
return.

[A.J.S./A.I.S.]

Plimbarea de dimineață

la capătul scării
am văzut câinele coborând cele o mie și una de trepte
bătrânul câine scos la plimbare în lesă
bătrânul câine scos la plimbare în brânci în splendoarea
dimineții de iarnă

avea ochii mei, anii mei care-au fost, cearcănele mele
avea numele meu scris pe zgarda murdară
cu un sfârșit de tandrețe, cu un început de ferocitate
strecurându-și umbra printre barele de alamă ale scării

în ochii lui am văzut luminile din insula elis
și hoardele mătăsurilor învârtind imensa ruletă a nopții
în ochii lui stinși am văzut sticlirea apocalipsei
și datoriile mele neplătite și viața mea de netrăit
(și doamne, avea anii mei și lacrimile mele)
bătrânul câine scos la plimbare în splendoarea ultimei
dimineți de iarnă
împins o mie și una de trepte, una câte una,
până la capăt și mai departe
de unde nu mai există
nici o întoarcere

The Cascade

Come, child named Yesterday –
under the cascade of caresses may your gentle head obey –
the burning cliff, where words and ocean end,
where green begins with wilt...

Where the word begins deafened.

Where you alone light quiet fires of darkness,
windows of fright.
Come, girl named Yesterday –
keep the cascade burning, as you drift to sleep.

[A.J.S./A.I.S.]

Cascada

Vino, tu, copile cu nume de Ieri –
lasă-ți capul ușor sub cascada de mângâieri –
stâncă fierbinte, acolo unde sfârșesc și cuvintele și oceanul,
unde verdele începe cu ofilirea…

Unde cuvântul începe cu amuțirea.

Acolo unde numai tu aprinzi focuri de tabără,
ferestre de spaimă.
Vino tu, cea cu nume de Ieri
și lasă cascada să-adoarmă.

Parting from the Pyramids

Geometry of syllables.
I am the lowly fellah who carried pyramids on all fours,
                                on my hands and knees.
I loved the pyramids but left them in the past tense.

No, no my love, don't move the pyramids –
and, above all, don't move the syllables that keep them apart
                                    from the word love.

[A.J.S./A.I.S.]

Despărțirea de piramide

Geometrie de silabe.
Eu sunt felahul, care a cărat piramide în brânci,
               în genunchi, în patru labe.
Am iubit piramidele și le-am lăsat la timpul trecut.

Nu, nu iubito, nu mișca piramidele –
și, mai ales, nu mișca silabele
               care le despart de cuvântul iubire.

The Angels' Search

The fallen angels wait
to measure, weigh, separate –
I'd been left with my raven's epaulettes alone by myself, unloved,
my words and boxer shorts unravelled...

People know me, the neighbourhood whistles at me: I'm the guy who cries
at Bollywood tearjerkers.
The unlovable guy in the last row, the guy who pops bags and hisses word
by word
in these barracks called life lived through your gaze.

I stuff the jukebox with notes on remembered days –
I pop bags in the last row, I spit sunflower seeds and think
that I've loved
pyramids of terror, deserts of shifting sands...

Yeah, it's me, crying at every Bollywood movie:
a solitary sailor with no way to the sea.

[A.J.S./A.I.S.]

Percheziţionarea îngerilor

Au venit îngerii prăbuşiţi
la măsurat, cântărit, împărţit –
rămăsesem singur cu epoleţii de corbi şi cu mine, cel neiubit,
cel deşirat pe la cuvinte, izmene...

Mă ştie lumea, mă fluieră cartierul: sunt cel care plânge
la filme indiene.
Neiubitul din ultimul rând, cel care sparge pungi şi fluieră cuvânt cu
cuvânt
în cazarma asta de viaţă în care trăieşti din priviri.

Îndes tonomatul cu fise de amintiri –
sparg pungi în ultimul rând, scuip seminţe şi cred
că am iubit
piramide de spaimă, deşerturi de nisip, mişcătoare...

Sunt eu, cel care plânge la filmele indiene:
navigator solitar fără de ieşire la mare.

On Beauty

It is said that Helen of Troy's beauty
could launch a thousand ships.

Think twice
before you launch beauty across the seas.

The sky is blue, remote:
Falling in love is like spying on an angel.

[A.J.S./A.I.S.]

Despre frumusețe

Se spune că frumusețea Elenei din Troia
putea lansa la apă patru sute de corăbii.

Gândește-te de două ori
până când lansezi frumusețea la apă.

Cerul e albastru, îndepărtat:
A te îndrăgosti este ca și cum ai spiona un înger.

The Man Who Never Saw Snow

It's so quiet
I can hear pigeons beating against the windows
with my blood.

The dogs have even forgotten how to bark...
Coal no longer hides
in abandoned mineshafts, refusing darkness,
no longer shies away from the white of snow.

There's a peace of sand and cold,
a renunciation of any property.

If I closed my eyes, I could hear that no one
is thinking of me.

[A.J.S./A.I.S.]

Omul care nu a văzut zăpada

E atât de liniște,
încât aud porumbeii lovind în ferestre
cu sângele meu.

Chiar câinii au uitat cum se latră...
Nici cărbunele nu se mai ascunde
prin galerii părăsite, refuzând întunericul,
ne mai sfiindu-se de albul zăpezii.

E o pace a nisipului și a frigului,
e o renunțare la orice însușire.

Dacă închid ochii, aud cum nimeni
nu se gândește la mine.

The Hieroglyph

So what if your body is sand?
So what if your embrace clasps sand in its arms
                until it's transformed into pyramids?

At the street corner, I'm there, the one who traffics in rocks:
                                the lapidary –
the hourglass man who sifts slowly between mourning and pity,
the man with scissors and tongs, with sickle and hammer…
                                anvils –

the rock-tamer, the sand transfigured
                from pyramids to cathedrals…
Without mystery, without wonder: I, my love,
who made love and prayers from stones.

[A.J.S./A.I.S.]

Hieroglifa

Şi dacă trupul tău e nisip?
Şi dacă îmbrăţişarea ta strânge în braţe nisipul
          până îl preface în piramide?

La colţul de stradă, sunt eu, cel care face trafic cu pietre:
                              lapidatul –
omul clepsidră care se scurge încet între tânguire şi milă,
cel cu foarfeci şi cleşti, cu seceră şi ciocan...
                              nicovale –

îmblânzitorul de pietre, nisip preschimbat
                    din piramide în catedrale.
Fără mister, fără de minune: eu, iubito,
care am făcut din pietre dragoste, rugăciune!

Eclipse

There's a full moon on Mars
and a total solar eclipse on Earth.
I watch you eat a famished strawberry –
I protect you and invoke you.

After you turned off the radio, only your dress
recalled these silent moments.
Sadness glazed your eyes:
it had been proven, finally, that Mars
isn't red, but yellow.

It was a silence that impregnated you,
you had a pale smile on your lips,
and dark circles of speech, drowned by tears.

Now I know: I lied to you – your dress is red
and Mars is yellow. Where's the blue in your eyes from…

Why are you crying blue tears,
        can't you see the noise they make?

[A.J.S./A.I.S.]

Eclipsă

E lună plină pe planeta Marte
şi o totală eclipsă de soare pe Pământ.
Te privesc cum mănânci o căpşună flămândă —
te apăr şi te cânt.

După ce ai închis radioul doar rochia ta
îşi mai aducea aminte de aceste amănunte tăcute.
Era o tristeţe în ochii tăi:
se dovedise — în sfârşit — că planeta Marte
nu e roşie, ci galbenă.

Era o tăcere care te lăsase gravidă,
era un surâs palid pe buzele tale,
şi nişte cearcăne ale vorbirii înecate de lacrimi.

Acum ştiu: te-am minţit — rochia ta este roşie
şi planeta Marte este galbenă. De unde şi albastrul din ochii tăi...

De ce plângi cu lacrimi albastre,
        nu vezi că fac zgomot?

The Raft of the Medusa

In the end, the sea was generous with you –
it tossed you to the shore,
a beach of shells, mortal husks at the end of the season...
When weak human machinery decides
to stack chairs on the table, the mute padlock; the ozone
layer grievously damaged;
belated waves, like a mechanism wound with a little key, a device
that imagined itself a jukebox that plays
memories. A fog envelops your head, passionately:
it pushes your head against the walls of yesterday...

Fog, waves of caresses that pull you into songs deep down –
nervous marsupials who saw themselves as if a womb,
patiently sheltering so many marine creatures.

Waves that fling you to the shore...
In the end, the sea was generous with you.

[A.J.S./A.I.S.]

Pluta medusei

Până la urmă, marea a fost generoasă cu tine –
te-a aruncat la ţărm,
pe plaja de scoici, de cochilii fatale la sfârşit de sezon...
Când biata maşinărie umană se gândeşte
să pună scaunele pe mese, lacătul mut; stratul de ozon
grav avariat;
valurile târzii, ca un mecanism întors cu cheiţa, aparat
care se visa tonomat
de aduceri aminte. Ceaţă care te învelește, fierbinte:
şi te dă cu capul de pereţii zilei de ieri...

Ceaţă, valuri de mângâieri care te târăsc în adâncuri de cântece –
marsupii foşnitoare care se visau pântece
ocrotitoare, răbdătoare de atâtea fiinţe marine.

Valuri care te-alungă la ţărm...
Până la urmă, marea a fost generoasă cu tine.

The Strawberry Strike

Last night I emptied your drawer of memories.
I took out your earrings and other nonsense:
whispers slipped into ears,
pasteboard embraces…

the salon piano
you played for me
night after night,
your silks, which swished pink
just like your confessions,
the heavy crystal chandelier
which cast ethereal light
on your shoulders,
your lips which whispered to me
that the Third World
War was imminent,
the lilac bush in your garden
reminding me
of better times
and your cats enamelled
with promises…

Sleepy mornings,
the white envelope of your body in the light…
that perfume…dangled from your neck
like a bandage of disquiet
your bracelets, your silk scarves, your fears…

And one autumn morning the strawberry strike began!

[A.J.S./A.I.S.]

Greva căpşunelor

Aseară ţi-am golit sertarele de amintiri.
Îţi luasem cercei şi alte acareturi:
şoapte strecurate în ureche,
îmbrăţişări de mucava…

pianul din salon
la care îmi cântai
noapte de noapte,
mătăsurile tale care foşneau roz
ca şi mărturisirile tale,
candelabrul greu de cristal,
care arunca lumini ireale
pe umerii tăi,
buzele tale, care îmi şopteau
că se pregăteşte
al treilea război mondial,
liliacul din grădina ta,
amintindu-mi
de vremuri mai bune
şi pisicile tale smălţuite
cu promisiuni…

Dimineţile somnoroase,
plicul alb al trupului tău în lumină…
parfumul acela… atârnat de gâtul tău
ca un bandaj de nelinişte
brăţările tale, eşarfele tale, spaimele tale…

Într-o dimineaţă de toamnă a venit şi greva căpşunelor!

The Latest News

After another cup of tea I'll overturn the bookshelf.
After another drag of my cigarette I'll tear off
the wallpaper with cats.
I'll remember the day they set fire to the bodies of beached whales,
when Miss Ivonne lit the old candelabra in the dining room.
Lying on my back, I'll dream of your cutting your hair
with a fish-shaped pocketknife.

After another cup of tea
they'll knock on my door by mistake. To protect myself
I'll rip to shreds the herbarium from elementary school. To protect myself
I'll take the German sleeping pill named after an exotic plant.
After another drag of my cigarette,
I'll remember an old address, I'll rattle on for hours
about treatment with leeches.

At the end of this poem
I'll stare for a long time in the elevator mirror.
Braced against its cloudy metal, with my fingers stabbed into every floor,
I'll suddenly want to forget
all of this.

[A.J.S./A.I.S.]

104

Ultimele știri

După încă o ceașcă de ceai voi răsturna biblioteca.
După ultimul fum de țigară voi sfâșia
tapetul cu pisici.
Îmi voi aminti ziua când au incendiat trupurile balenelor eșuate,
când domnișoara Ivonne a aprins vechiul candelabru din sufragerie.
Întins pe spate, voi visa cum îți tai părul
cu un briceag în formă de pește.

După încă o ceașcă de ceai
îmi vor bate din greșeală la ușă. Ca să mă apăr
voi rupe în bucăți ierbarul din școala primară. Ca să mă apăr
voi lua somniferul nemțesc cu nume de plantă exotică.
După ultimul fum de țigară
îmi voi aminti o adresă veche, voi vorbi ore întregi
despre tratamentul cu lipitori.

La sfârșitul acestui poem
mă voi privi îndelung în oglinda liftului.
Sprijinit de metalul ei tulbure, cu degetele înfipte în toate etajele
voi dori să uit deodată
toate acestea.

Animal Planet

I have business-like dreams, they think only of you.
Come on, man, since when do dreams think?
Since you're dressed like an avalanche
that awaits its skiers.

Look, this morning's winter light is generous to everyone!
Why don't you snow anymore, why don't you make murmurs
out of snowmen?
My love, really, why don't you snow? Cry me a snowfall,
a dream come too late.

I understand, you miss St. Bernards
with their little brandy barrels,
the deserted bars, good people, bad people and chauffeurs...
and the lies that for us replaced a roof,
and children born in the shadow of the curtain.

My love, why would you wake a crocodile,
instead of making it your purse for life?!

[A.J.S./A.I.S.]

Animal Planet

Am vise afaceriste, care se gândesc numai la tine.
- De când visele se gândesc, măi, băiatule?
- De când ești îmbrăcată ca o avalanșă,
       care își așteaptă schiorii.

Uite, lumina dimineții de iarnă e generoasă cu toți!
De ce nu mai ningi, de ce nu mai faci foșnet
       din oameni de zăpadă?
Dragostea mea, totuși, de ce nu ningi? Plânge-mi o zăpadă,
       un vis prea târziu.

Am înțeles, îți lipsesc câinii St. Bernard,
cu butoiașele lor de rom,
cârciumile pustii, oamenii buni, oamenii răi și șoferii...
și minciunile, care ne țineau loc de acoperiș,
și copiii născuți în umbra perdelei.

Iubito, de ce să trezești din somn un crocodil,
când poți să ți-l faci poșetă pe viață?!

Verses of Love

Why have you grown so lovely
just now In this winter
without snow?

My love,
if I were a secret
what would you do with me?

Would you keep me
or would you tell?

[A.J.S./A.I.S.]

Versuri de dragoste

De ce te-ai făcut frumoasă
tocmai în iarna aceasta
în care nu ninge?

Iubito,
dacă aş fi un secret
ce-ai face cu mine?

M-ai păstra
sau l-ai spune?

Airship Weeping

for the poet Ioan Flora, in memoriam

Under the roof of straw and reeds, no fire
still gathers up the terror of a winter night.

There's so much solitude boiling in the cast-iron kettle, in the quinces
on the shelf
and so much removal in the noses pressed against the windowpane.
No children of the grapevines gather acacia flowers
nor do the carriage horses thirsting at the well.

The old airship lavishes his tobacco on remembered hay bales
while the wood of the door creaks in the December wind.
The very same wood as the crosses raised on the hill...

You have to travel by yourself a long, long way this day,
to pay the spirits who drank from the underground milk,
the airship said, weeping.
You have to gather your years by the fistful so you can pay, so you can
write on the wall:

Today it didn't snow.
On the threshold,
a silent woman adds to the honour of the house.

[A.J.S.]

Aerostate plângând

poetului Ioan Flora, in memoriam

Sub acoperişul din paie şi stuf, nici un foc
nu mai adună spaimele unei nopţi de iarnă.

E multă singurătate ce fierbe în oala de tuci, în gutuile
                                                    de pe raft
şi multă îndepărtare în nasurile turtite de geamul ferestrei.
Nu sunt copiii viţei de vie la cules de flori de salcâm şi
nici căruţaşii însetându-şi caii la fântână.

Bătrânul Aerostate îşi cheltuieşte tutunul pe rotocoale de amintiri
în timp ce lemnul uşii scârţâie în vântul lui decembrie.
Acelaşi lemn din care sunt ridicate crucile de pe deal...

Trebuie să călătoreşti cu mult mărunţiş la tine în ziua de azi,
ca să plăteşti duhurile care au băut din laptele subteran — îşi spuse
                                                    Aerostate, plângând.
Trebuie să-ţi aduni anii în pumni ca să poţi plăti, ca să poţi
                                                    scrie pe perete:

Nici azi nu a nins.
În prag,
o femeie tăcută sporeşte onoarea casei.

The War of the Strawberries

The strawberries battled all night:
in the closet, on the kitchen table,
in the bathroom's little medicine chest –
they made a racket and an indescribable perfume.

Until morning, when mama came
and made them into rose-hip jam.

[A.J.S./A.I.S.]

Războiul căpşunelor

S-au războit toată noaptea căpşunele:
în debara, pe masa din bucătărie,
în dulăpiorul de medicamente din baie —
făceau un zgomot şi un parfum de nedescris.

Până când, dimineaţa, a venit mama
şi le-a făcut dulceaţă de trandafiri.

Flight Interrupted

Such as you are, so you remain:
a woman who lived alone
                    in a frozen country –
who discovered first the fire
that never burns,
who then encountered the ice floe
that will never melt –
love written small on postcards
that will never arrive on time,
who invented an airplane
that never flew…

The photograph of a lonely woman who lived
                              in a frozen country
and dreams, even now, in the dialect of the harsh winds.

[A.J.S./A.I.S.]

Zbor întrerupt

Atât eşti, atât ţi-a rămas:
o femeie care a trăit de una singură
                    într-o ţară îngheţată, –
care a descoperit mai întâi focul
care nu a ars niciodată,
care a întâlnit banchiza de gheaţă
care nu se va topi niciodată, –
dragostea scrisă mărunt pe cărţi poştale
care nu vor ajunge la timp niciodată,
care a inventat un avion
care nu a zburat niciodată...

Fotografia singurei femei care a trăit
                    într-o ţară îngheţată
visează şi acum în dialectul vânturilor potrivnice.

Royal Hunt

The ivy advanced with its long arms, the perfect threat –
it leafed through the story of your life with sword and bayonet:
word after word
until it reached the blank page where the ocean
                    ended with the cry, *land ho! the world!*

The ivy draped down – the forester from a dream, rifle bent
                                        on his shoulder –
in the thicket where you wandered, my beloved, without title,
                        without name, without ID…
It was I, the treacherous mammal, the forester with his rifle
                            limp on his shoulder,
and I'd followed the spoor of your pampered blood in the bitter traps.

Deep monstrosity rebelling against every monstrosity –
a pyramid of blood and tears, a tender guarantee of chastity…

You, my beloved, who give words their liberty!

[A.J.S./A.I.S.]

Vânătoarea regală

A venit iedera cu brațe lungi, de crimă perfectă –
răsfoia povestea vieții tale la sabie și baionetă:
cuvânt cu cuvânt
până ajungea la pagina aceea albă unde oceanul
        se termină cu strigătul *pământ!*

Cobora iedera – pădurarul din vis cu pușca frântă
                      pe umăr –
în desișul în care te rătăciseși, iubito, fără de cifră,
            fără de nume, fără de număr...
Eram eu, mamiferul perfid, pădurarul cu pușca
               înduplecată pe umăr
și luasem urma sângelui tău răsfățat în capcane amare.

Fiară adâncă răzvrătindu-se între fiare –
piramidă de sânge și lacrimi, centură tandră de castitate...

Tu, iubito, care dai cuvintelor libertate!

Nothing Seems Real Anymore

Nothing seems real anymore
               through the smoking garbage heap of this city
        this clownish noon hour rushed by like a shadow
bumping against the walls of a fleeting mood in my heart
           (and the women in their little shop
                 have shut their eyelids down to their knees).
                 Surely
we're swinging back and forth together on a delightful impression
                 La Belle Époque
where the truth hides beneath
multicoloured skirts of syllables –
                 plaster smiles and compliments
for me, I who understand nothing
(who will skate from memory this evening
on the irresolute ice of a fleeting mood in my heart)
ready to enter wholly into
                 the conscious life of machine-tools –
their music is the silence of a fleeting mood in my heart;
      their music,
          their music,
              their music…

only the silence of a fleeting mood in my heart.

[A.J.S/M.N.]

Nu mai îmi pare nimic

Nu mai îmi pare nimic
     prin groapa fumegândă a orașului
   ca o umbră a trecut bufonul acestei amieze
izbindu-se de pereții unei stări de spirit trecătoare
     (și femeile din micul magazin
       au închis pleoapele până la genunchi).
     Desigur,
ne legănam cu toții pe o impresie minunată
     La Belle Epoque
unde adevărul se ascunde pe după
fustele colorate ale silabelor –
        zâmbete de ghips și laude
pentru mine care nu înțeleg nimic
(pentru mine care în această seară voi patina din memorie
pe gheața nehotărîtă a unei stări de spirit)
pregătit să intru pe de-a-ntregul în
        conștiința mașinilor unelte –
muzica lor e doar tăcerea unei stări de spirit trecătoare;
    muzica lor,
       muzica lor,
          muzica lor...

tăcerea unei stări de spirit trecătoare.

Mickey Mouse Is Dead

I

It's magic, it's sorcery
the hour when ancestral figures come to lull you to sleep with their age-old tales,
but you, you still have to keep a large reserve of deafness
for the winter locked deep in a scream of ice.

No, swarms of flies haven't yet appeared –
it's only famished planes searching the fields for hares.
It's only trains laden with tar, whistling past the windows,
but the neighbourhood girls turn two deaf ears to the world and dream on,
and while happiness clings to your body like a sweaty shirt,
the scissors of night trims close the heads of the living and the dead.

No, nobody's busy raking smooth the gravel in the alleys –
it's the warm TV, buzzing.
But you, you still have to acquire a large reserve of myopia, of silky fluff,
for winter is coming, and a glimpse of the bottle of kerosene
might lead you to a grandiose verse.

The streets are flesh, are blood, are nerves,
walls howl at a simple touch –
the tram is an ancient emotion ascended to the sky, but you,
you must keep a large reserve of patience and hope –
so stretch out in the gossiping easy-chairs,
concentrate on the sky,
wait for dawn – and convince yourself that today, likewise, was no dream.

II

Yes, there's the news, too,
scandals the wind reads in the parks,
lives recounted as if we'd lived them ourselves –
gloves at the touch of which you feel a cold, wet muzzle.

The poem that makes the world better
is asleep under tin-foil clouds from which sweet rain falls.

Mickey Mouse e mort

I

E fermecat, e magic
ceasul când vin moşnegi să te-adoarmă cu-o veche poveste,
dar tu păstrează-ţi mari rezerve de surzenie
pentru iarna închisă într-un strigăt de gheaţă.

Nu, n-au apărut muştele de oţet –
sunt avioane înfometate în căutarea iepurilor de câmp.
Sunt trenuri de smoală fluierând în ferestre
dar fetele din cartier s-au culcat pe-amândouă urechile şi viseaza
şi-n timp ce fericirea ţi se mai lipeşte de trup ca o cămaşă transpirată
foarfecele nopţii tunde mai departe chilug capete de vii şi de morţi.

Nu, nu greblează nimeni pietrişul pe alei –
e televizorul care bâzâie încălzit.
Însă tu fă-ţi mari rezerve de miopie, de câlţi mătăsoşi
fiindcă vine iarna şi vederea bidonului de păcură
ţi-ar putea aduce un vers măreţ.

Străzile sunt de carne şi sânge şi nervi,
zidurile urlă la o simplă atingere –
tramvaiul e-o emoţie veche urcată la cer, dar tu
păstrează-ţi mari provizii de răbdare şi speranţă, –
întinde-te în fotoliile bârfitoare,
priveşte cerul,
aşteaptă dimineaţa, – convinge-te că nici azi n-ai visat.

II

Sunt şi fapte diverse,
afaceri de scandal pe care vântul le citeşte prin parcuri,
vieţi repovestite de parcă le-am fi trăit noi –
mănuşi în atingerea cărora simţi răceala botului umed.

Poezia care face lumea mai bună
doarme sub norii de staniol din care ploaia cade dulce.

And then you believe again in omens,
in the gelatin of speakers jiggled by some voice.
You regard the tendons of the river, the rosy foam of a single day's grass,
you let yourself be carried by the currents along with Ginsberg's voice
lost in a drugstore, in Frisco
across the ocean of a quarter of a century's fear and isolation.

Night after night – solitary sailors,
the price of copper, eruptions of the cell, distractions
behind which, little by little, you discover
                              the endless faces of a new way of dying.
That the morning light hides a poisonous thorn to make you
ugly. Or that the number of the beast is actually your lover's phone number –
or that the shadow a single stand of hair casts at noon
                              is a meridian of recollection,
that in the wax museum of memories you're no more than
a wick burning for a lifetime, cheap, convenient,
                              profitable.

III

Even in your lover's bed
your desire serves as an amplifier for the rustle

                              of the sheets.
For you, at night, even the city is cat's fur
electrified by the ebony nightsticks of the police.

But enough of all that – renounce the castles in Spain.
Breathe deep the vapor of the soup, bury your hands
in the green pearls of the peas, adapt your metabolism
to summer's time change –
ignore the row of apples, half-sour at the core, asleep in the window like a cat,
defy the mailbox, the unopened letters –
smash the alarm clock with your fist, the telephone, the faucet,
                              the tube of toothpaste,
crush the canned food's shell with your feet,
let your mouth water at the thought of the pearl hidden inside,
froth at the mouth and spout gibberish,
fall asleep watching a vapour trail
like a cataract in the blue eye of the sky,
placidly turn the other cheek…

Because today you have no bill to pay.

Și iarăși crezi în semne –
în piftia difuzorului zgâlțâită de-o voce.
Privești tendoanele fluviului, spuma trandafirie a ierbii de-o zi,
te lași purtat de curenți odată cu glasul lui ginsberg
pierdut într-un drugstore, la frisco,
peste oceanul unui sfert de secol de spaimă și izolare.

Noapte de noapte – navigatori solitari,
prețul cuprului, erupții ale celulei, diversiuni
în spatele cărora, încetul cu încetul, descoperi
                    nesfârșitele chipuri ale unui fel de-a muri.
Că lumina dimineții are un ghimpe veninos care te face
urât. Ba că numărul fiarei e chiar telefonul iubitei, –
ba că umbra pe care o lasă un fir de păr în amiază
                    e un meridian de amintire,
că în muzeul memoriei de ceară nu ești decât
un fitil arzând de-o viață ieftin, comod,
                    economic.

III

Până și în patul iubitei
dorința ta așază un amplificator pentru foșnetul
                    cearșafului.
Noaptea, până și orașul era pentru tine o blană de pisică
electrizată de bastoanele de ebonită ale milițienilor.

Dar destul cu toate acestea – renunță la castele din Spania.
Respiră adânc aburii supei, îngroapă-ți mâinile
în perlele verzi al mazărei, adaptează-ți metabolismul
după orarul de vară –
ignoră șiragul de mere adormit în ferestre ca o pisică de miez acrișor, –
sfidează cutia poștală, scrisorile nedesfăcute –
izbește cu pumnul ceasul deșteptător, telefon, robinetul
                    tubul cu pastă de dinți,
sări cu picioarele pe scoica de tablă a conservei,
linge-te pe bot la gândul perlei dinăuntru,
stâlcește în bătaie câmpii,
adormi privind urma unui avion
ca o albeață în ochiul albastru al cerului,
întoarce-te liniștit pe partea cealaltă...

Pentru azi nu mai ai nici o poliță de plătit

IV

For some of us, deserted beaches stirred up by the waves
bring back immemorial regrets.
For some, the imported cafés and well-tanned legs have begun to putrefy.
Some dream of selfless devotion – of taking care of
a Robinson on a desert island
(right under your very eyes, the shipwreck becomes an institution
                                              for the compassionate,
for those with a heart enlarged in the vise of a heart attack
and for all those who don't have a dog, or any other close relative
                                to whom to leave a whole thick green wad
                                of jack stashed away in Swiss banks...)

For some, the crying of poets arouses tribal instincts,
it treads hard upon their nerves' corns –
it makes them pop paper bags, whistle, kickbox,
it makes them outlaw guitar strings.

In general, it's better to stay put there on your island –
inspecting carefully the tip of your nose every day,
receiving and sending telegrams, supplying details,
expounding to the goats the theory of grass hordes.
From rice straw weaving belts and horas;
        once a year allowing members of various charitable
                                  societies to visit you
and, because it's better to be pitied than envied,
don't forget to complain of itching between your fingers,
of hair loss, of the oysters that you find already pried opened
by someone else, of the delay in the arrival of the waves
in the mail, on your shore.

V

Soon I will become one of the sleepers.
Soon your teeth will leave in the air merely the white bite of the snow.
Beneath me, ten stories of sleep and watchfulness sink lower,
chrome door handles are opened, chrome faucets are turned on,
the blue button summons the red button.
Here, death is an optical disillusion.

The tribal chief, made rich through trade in mirrors,
happily squeals in the aspic of his nightshirt.

IV

Unora, plajele pustii excitate de valuri
le trezesc străvechi remușcări.
Unora, importul de bistrouri și pulpe bronzate a început să le puță.
Unii visează să se devoteze – să întrețină
un robinson pe-o insulă pustie
(sub ochii tăi, naufragiul devine o instituție pentru
                                              cei miloși,
pentru cei cu inima lărgită în menghina infarctului
și pentru roti cei care nu au nici un câine, nici o altă
                rudă apropiată căreia să-i lase o grămadă
                de știuci verzui în băncile elvețiene...)

Unora, plânsul poeților le deșteaptă instincte tribale,
îi calcă pe bătăturile nervilor –
îi face să spargă pungi de hârtie, să fluiere, să lovească cu picioarele,
să declare prohibite corzile ghitarei.

În general, e bine să stai în insula ta –
să-ți inspectezi atent în fiecare zi lungul nasului
să primești și să trimiți telegrame, să dai detalii,
să explici caprelor teoria mulțimilor ierbii.
Din paie de orez să împletești brâuri și hore;
        o dată pe an să te lași vizitat de membrii societăților
                                              de binefacere
și pentru că e mai bine să fii compătimit decât invidiat,
nu uita să te plângi de furnicături între degete,
de căderea părului, de scoicile pe care le găsești desfăcute
de altcineva, de întârzierea cu care sosesc valurile
prin poștă, la țărm.

V

În curând voi deveni adormit.
În curând dinții tăi vor lăsa în aer doar mușcătura albă a zăpezii.
Dedesubt, se scufundă zece etaje de somn și de pândă,
clanțe nichelate se deschid, robinete nichelate se deschid,
butonul albastru cheamă butonul roșu.
Moartea e aici o deziluzie optică.

Șeful de trib îmbogățit din comerțul cu oglinjoare
guiță fericită în aspicul cămășii de noapte.

His associate across the sea is ever vigilant for a moral crisis.
Wine turns back to water, miracle dresses down in blue-denim
overalls, the boy at the counter
is metamorphosed into quite the young sport, always ready to sell you
                    the latest tip.
Chimaeras are not what's sought after here. Nobody has dreams,
and so I prefer the waiting room
where the rum bottle gets passed around freely like a dizzy iceberg
                    that sinks peripatetic human wrecks,
where cigarettes switch on and switch off the lights of a huge
clandestine airport, waiting for a cargo of holy grass
                                        to descend from the sky.

Here, the fiscal agent throws dice with the orchestra conductor.
Newspapers grow old unread, statistics are outdated
                                        still in the printing press,
the aged cheeks paint their faces with copper make-up –
the diplomat gradually loses his diplomatic immunity,
the telephone-company car of the boys who sit idly
                    leafing through the daily paper lurks in the fog.
Everything's in order. It's twelve midnight, yes, everything's
in order,
while destiny mingles everybody together
like a pocketful of humiliating change.

[A.J.S./L.V.]

Asociatul de peste ocean e pândit de-o criză morală.
Vinul se schimbă la loc în apă, minunea îmbracă salopetă
de blugi, băiatul de la bar
într-un tânăr sportiv, dispus oricând să-ți vândă
                              un pont.
Himere n-au ce căuta aici. Vise nu are nimeni,
dar eu prefer sala de așteptare
unde sticla de rom circulă liberă ca un aisberg amețitor
                              scufundând epavele călătoare,
unde țigările aprind și sting luminile unui mare
aeroport clandestin, așteptând să coboare din cer
                              o încărcătură de iarbă sfântă.

Aici, agentul fiscal joacă yambs cu șeful orchestrei.
Ziarele se învechesc necitite, cifrele sunt depășite
                              în șpalt –
obraze vechi îșI dau pe față arama fardului, –
diplomatul își pierde treptat imunitatea diplomatică,
mașina băieților de la telefoane care citesc prin ziar
                              așteaptă în ceață.
Totul e-n ordine. E douăsprezece noaptea și totul
e-n ordine
și destinul îi amestecă pe toți
ca pe-un buzunar de mărunțiș jignitor.

On the Poet and the Translators

Traian T. Coşovei (1954–2014) was a prominent Romanian poet of the '80s Generation. He was a founding member of the "Cenaclul de Luni" literary circle, a group that would eventually set the tone for much of postmodern Romanian poetry. Coşovei was the recipient of a series of prizes, including the Prize of the Romanian Academy and the International Nichita Stănescu Prize. He published over twenty books of poetry, literary criticism, and prose. Nobel Prize candidate Mircea Cărtărescu, praised as 'Romania's greatest living writer' in *The New Yorker*, wrote that Coşovei is 'undoubtedly one of the purest, most original, and most valuable poets of his generation'. Broken Sleep Books is presenting Traian T. Coşovei's first book in English with *Night with a Pocketful of Stones*.

Adam J. Sorkin has published sixty-five books of contemporary Romanian literature in English. His recent co-translations include in 2020, *A Spider's History of Love* by Mircea Cărtărescu (New Meridian Arts); *Lavinia and Her Daughters* by Ioana Ieronim (Červená Barva Press); and *The God's Orbit* by Aura Christi (Mica Press, UK). In 2021, he was primary translator of Carmen Firan and Adrian Sângeorzan's book of poems, *Quarantine Songs* (New Meridian Arts), and his joint version of Marin Sorescu's final play, *Cousin Shakespeare* (Editura Hoffman, Caracal, Romania), was launched at the "Marin Sorescu" National Theatre in Craiova, Romania. Sorkin is Distinguished Professor of English Emeritus, Penn State Brandywine.

Andreea Iulia Scridon is a Romanian-American writer and translator. She studied Comparative Literature at King's College London and Creative Writing at the University of Oxford. Her translation of a series of short stories by Ion D. Sîrbu, a representative of subversive writing under the communist regime, is forthcoming in 2021 with ABPress, as is her translation of a poetry book by Ion Cristofor with Naked Eye Publishing. Scridon's chapbook of her own poetry is appearing with Broken Sleep Books and also a poetry book with MadHat Press in 2022. In 2021, she won second place in a national poetry contest in Romania and as a result will soon have a book published in Romanian as well.

Acknowledgements

The translators offer their gratitude to Ştefania Coşovei for her encouragement and permission for us to translate and publish these poems.

The translators also want to express thanks to the editors of the following publications where some of these poems previously appeared: *Möbius* 9.1 (Spring-Summer 1995); *Romania and Western Civilization / România şiciviiizaţia occidentală*, ed. Kurt W. Treptow (Iaşi, Romania: The Center for Romanian Studies, 1997); *Poetry New York* 11 (Winter/Spring 1999); *Eclectic* (1999); *Faultline* 9 (2000); *Day After Night: Twenty Romanian Poets for the Twenty-First Century*, ed. Gabriel Stănescu and A.J.S. (Norcross, GA: Criterion Publishing, 1999); *Respiro* 4 (2001); *Wild Court* (September 2019); *Delos* 35.2 (Fall 2020); *E•Ratio* (2020); *The Blue Nib: Translation Po-Int* (May 2020) & *The Blue Nib Literary Magazine* (July 2020); *National Translation Month* (September 2020); *Asymptote* (October 2020).

Grăiește-ți neliniștea

www.ingramcontent.com/pod-product-compliance
Lightning Source LLC
LaVergne TN
LVHW041257080426
835510LV00009B/772